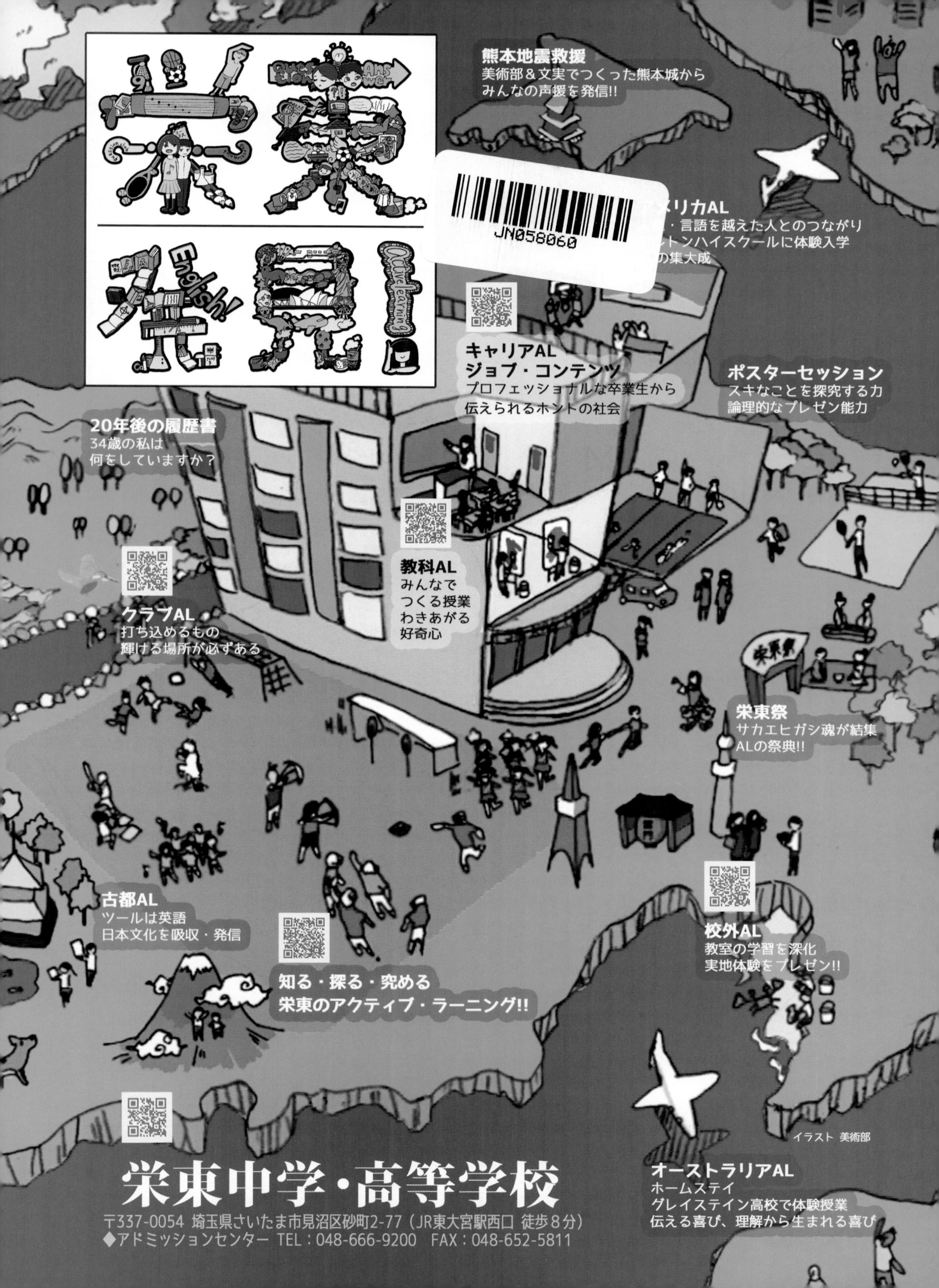
English!
Active learning
熊本地震救援
美術部＆文実でつくった熊本城から
みんなの声援を発信!!
メリカAL
・言語を越えた人とのつながり
ルトンハイスクールに体験入学
の集大成
キャリアAL
ジョブ・コンテンツ
プロフェッショナルな卒業生から
伝えられるホントの社会
ポスターセッション
スキなことを探究する力
論理的なプレゼン能力
20年後の履歴書
34歳の私は
何をしていますか？
教科AL
みんなで
つくる授業
わきあがる
好奇心
クラブAL
打ち込めるもの
輝ける場所が必ずある
栄東祭
サカエヒガシ魂が結集
ALの祭典!!
古都AL
ツールは英語
日本文化を吸収・発信
知る・探る・究める
栄東のアクティブ・ラーニング!!
校外AL
教室の学習を深化
実地体験をプレゼン!!
イラスト 美術部
栄東中学・高等学校
〒337-0054 埼玉県さいたま市見沼区砂町2-77（JR東大宮駅西口 徒歩８分）
◆アドミッションセンター TEL：048-666-9200 FAX：048-652-5811
オーストラリアAL
ホームステイ
グレイステイン高校で体験授業
伝える喜び、理解から生まれる喜び

今注目される和洋ラウンドシステム

英語で自己表現でき、国際社会で通用する英語力を身につけた生徒を育成するために、『和洋ラウンドシステム』という教育方法を導入しています。このシステムでは『くりかえし』学ぶことで定着をはかります。教科書を1年間で5回扱う過程で、たくさんの英語を聞き、使うことで英語力を磨きます。そして自分自身で課題を見つけ毎日勉強することを促します。

実験・観察を重視した理科教育

理科の授業は週4時間。「実体験から学ぶ科学」を掲げ、3年間で100項目の実験・観察を取り入れています。五感を使った体験型授業を展開し、身の回りの自然科学への理解を深めています。

1・2年生では液体窒素を使った状態変化の実験やブタの心臓の観察など本校独自の内容を取り入れ、理科への興味・関心を高め、3年生では課題研究に取り組むことで、自然科学への探求方法を学習し、科学的思考や応用力を養います。

◆ 学校説明会 予約不要

第3回 11月 10日 (土) 10:30～
第4回 12月 8日 (土) 10:30～
第5回 1月 6日 (日) 10:30～

※説明会終了後に校内見学・個別相談ができます。
第3･4回は体験講座もあります。(要予約)

◆ 入試日程

● 推薦入試 12/1 基礎学力テスト型 英語リスニング型

● 一般入試

第1回 1/20 2・4科目型 英語＋2科目型

第2回 1/24 2・4科目型 英語＋2科目型 適性検査型

第3回 2/6 2・4科目型

平成29年度
中学･高校･大学総合キャンパス完成

和洋国府台女子中学校

国府台キャンパス：〒272-8533　千葉県市川市国府台 2-3-1　TEL.047-371-1120

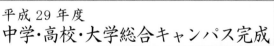

忘れもの、ない？

試験当日の持ちもの

入試当日の準備はできていますか？　本番直前にあわてないために、入試に必要なものは事前に用意しておきたいですね。このページでは、中学入試に必要な持ちものを準備する際のポイントとともに紹介します。ただし、学校によっては持ちこみを禁止しているものもあるので、事前に入試要項をよく確認しておきましょう。「準備万端！　忘れものなし！」をめざして、さぁ準備スタート！

受験票

「受験票を忘れるなんて…」と思うかもしれませんが、じつは**他校の受験票をまちがえて**持ってきてしまうことは結構あるものです。１校ごとに**クリアホルダー**に入れておけば、取りちがえ防止にもなりますし、持ち運ぶ際に折れたり汚れたりするのを防いでくれるのでおすすめ。万が一忘れてしまってもあわてないで。70ページの対応法を確認しておきましょう。

筆記用具

HBの鉛筆を６～８本持っていきます。机の上で転がらないように、**輪ゴム**などでひとまとめにしておくといいでしょう。芯が折れてしまったときのために、**鉛筆削り**もあると安心です。シャープペンシルを使う場合は２～３本でOKです。もちろん、替え芯も忘れずに用意しておきます。

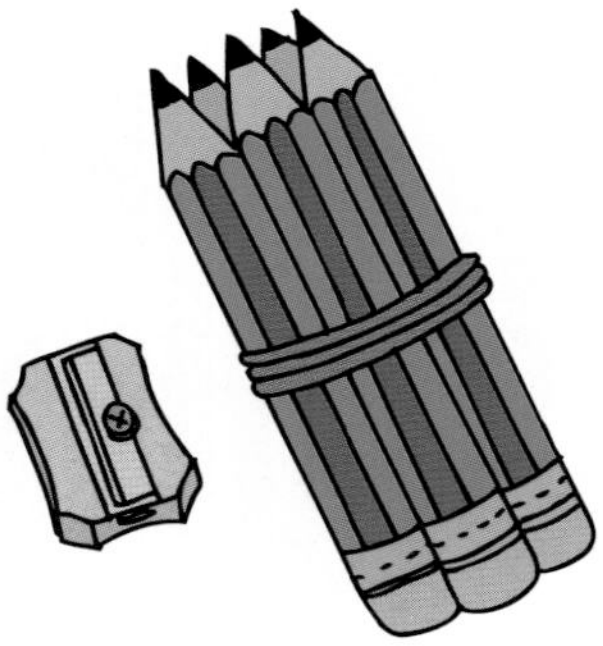

消しゴム

予備も含めて**２～３個**準備します。重要なのはやはり**消しやすさ**。かわいらしいキャラクター型のものはお子さまが喜んだとしても、持ちづらく消しにくければ別のものにしてください。また、硬すぎる消しゴムも解答用紙を破いてしまうことがあるので注意です。消しやすく良質なものを用意しましょう。**消しクズがまとまるタイプ**もいいですよ。

お弁当

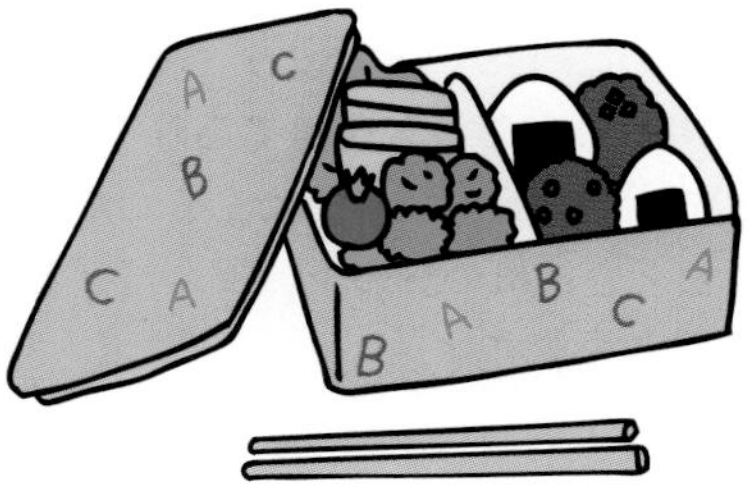

午後にも入試や面接がある場合はお弁当が必要です。ポイントはお子さまが**食べきれる量**にすることと、食べやすく**消化のよいおかず**にすること。入試当日の受験生は緊張のため食欲がないというケースも多いからです。はりきって豪華なものをつくるより、お子さまの**好きなおかず**を入れたり、食べやすい**ひと口サイズ**にするといった工夫をしてください。

飲みもの

寒い季節なので、冷たいものよりは**温かい飲みもの**がいいと思います。受験生の緊張もほぐれ、リラックスできるでしょう。**ホット麦茶**や**蜂蜜入りレモン湯**などがおすすめです。なにを持っていくかお子さまと相談するのもいいですね。保温性の高い**小型のマグボトル**だと、飲みものが冷めにくく、カバンにも入れやすくて便利です。

ハンカチ・タオル

トイレで手を洗ったあとに使うので、身だしなみアイテムとして**ハンカチ**は必ず持っていきましょう。雨や雪で洋服やバッグなどの持ちものが濡れてしまったときにサッとふけるように、**タオル**もあると便利ですよ。清潔なものを用意するのは当たり前ですが、新品だと水分を吸い取りにくい場合があるので、一度洗濯しておくといいでしょう。

上ばき

ふだん学校で使っているものを持っていけば大丈夫です。ただし、あまり汚れているのはよくありません。事前に**洗ってきれい**にしておきましょう。スリッパは脱げやすく歩きづらいので避けるようにしてください。

腕時計

入試会場に持ちこむので、**計算機能がついていない**ものを選んでください。**アラーム機能**がある場合はかならず事前にアラームのスイッチがオフになっているか、お子さまといっしょに確認して、切り忘れがないようにしましょう。**電池切れ**も要注意です。また、学校によっては時計の持ちこみ自体を禁止していることもあるので、確認しておきましょう。

三角定規・コンパス

三角定規と**コンパス**は、学校から持ちものとして指定がある場合があります。その際は忘れずに持っていくようにしましょう。逆に**持ちこみを禁止**している学校もあるので、こちらも腕時計と同様に事前に入試要項等で確認しておくと安心です。**分度器**は持ちこめないことがほとんどです。誤って持っていかないように気をつけてください。

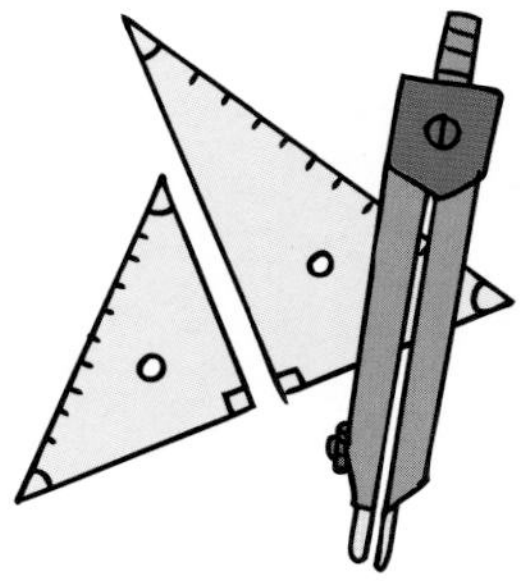

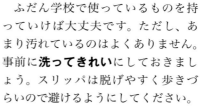

メモ帳

これは保護者用の持ちものです。保護者用の控え室では、１科目ごとに問題と解答が掲示されることが多いので、**メモ帳**があると重宝します。**筆記用具**も忘れずに用意しましょう。スマートフォンのメモ帳機能などで代用してもよいと思いますので、ご自身が使いやすい方法でメモを取れるように準備をしておいてください。

交通機関のプリペイドカード

電車やバスを利用するときになくてはならないのが、**交通機関のプリペイドカード**。これがあれば、**改札**をとおる際もスムーズ、**乗り換え**も楽々です。残高不足で慌てないために、事前に**チャージ**をしておくことを忘れないようにしましょう。ただし、一部の交通機関によっては使えない場合もあるので注意してください。

携帯電話

こちらも保護者用。**緊急連絡用**に持っておきましょう。試験会場には持ちこめないので、受験生には持たせないようにしてください。着信音や操作音がでてまわりの迷惑ならないように、使用する際はかならず**マナーモード**に設定しているかどうかを確かめてください。

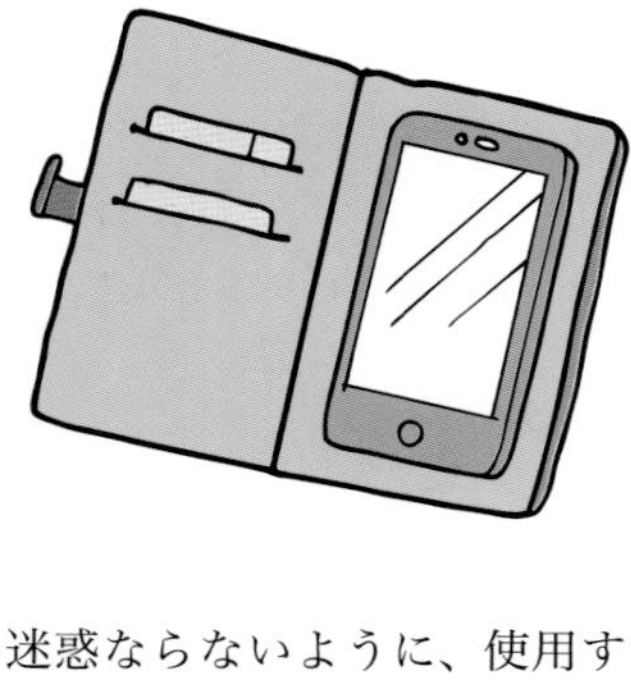

ティッシュペーパー

ハンカチにつづいて、身だしなみアイテムとして**ティッシュペーパー**も忘れないようにしましょう。鼻をかむときに使う以外にも、**消しゴムのカスを捨てる**際にカスが散らばらないようにティッシュペーパーにくるんだり、**机のガタつき**が気になるときに机の脚の下に挟んだりと、意外にいろいろな場で役立ちます。

ブラシ・手鏡

面接がある場合に用意しておきたいのが**ブラシ**と**手鏡**。これがあれば、面接の前にササッと身だしなみを整えられます。小さなものでじゅうぶんなので、カバンに入れておきましょう。洋服についているホコリを取る小型の**エチケットブラシ**もあると便利です。

大きめのカバン

カバンは、すべての荷物を余裕をもって入れられるような、**少し大きめのサイズ**があつかいやすいと思います。マフラーや手袋、帽子などの防寒具も入るくらいがおすすめです。もうひとつのポイントは、カバンの**口が閉じられるタイプ**を選ぶこと。中身が飛びでてしまったり、もし試験当日が雨や雪だった場合も中身が濡れる心配もないので安心です。

替えソックス

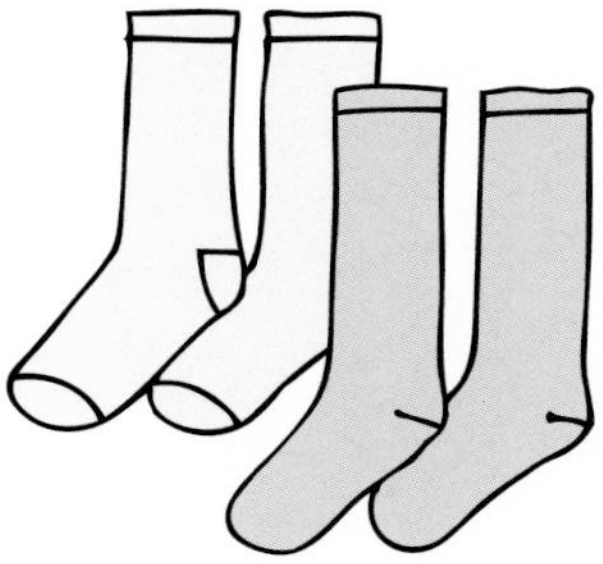

雨具といっしょに忘れずに用意したいのが**替えソックス**。雨や雪で靴下が濡れてしまったときに履き替えます。靴下が濡れたままただと、冷たさや濡れた感触が気になって試験に集中できないばかりか、身体が冷えて**風邪**をひいてしまうかもしれません。替えの靴下があれば、学校に着いてすぐに履き替えれば大丈夫です。

そのほかあると便利なもの

学校案内や願書のコピー　面接がある場合は、参考のために持っていきます。
参考書　使いこんだ参考書はがんばって勉強に取り組んだ証として、受験生にとってはお守りに近い価値があります。緊張して落ちつかないときには、開いてみるのもいいでしょう。
のどあめ・トローチ　緊張して口が乾いてしまったときにも、これがあれば安心。のどが痛いときにも重宝します。
マスク　風邪予防のためにふだんから着用している人も多いのではないでしょうか。とくに受験期は体調管理に注意する必要があるので、移動時はかならずマスクをつけるようにしましょう。
お守り　参考書のところでもふれましたが、心の支えとなるお守り的なアイテムがあれば、カバンに入れておくと安心できると思います。

準備はできましたか？　不足しているものがあれば、早めに用意して、落ちついて試験当日を迎えましょう。75ページには「持ちものチェックリスト」を掲載していますので、そちらも活用してください。

お金

お財布を忘れる人はいないと思いますが、ないと困るので入れ忘れていないか家をでる前に確認してください。とはいえ、受験料はすでに支払っているので、当日必要となる出費は**交通費**程度です。指定**文房具**を忘れた場合に途中で購入するようなことも考えられます。交通機関のプリペイドカードが使えないときに備え、**小銭**があるといいですね。

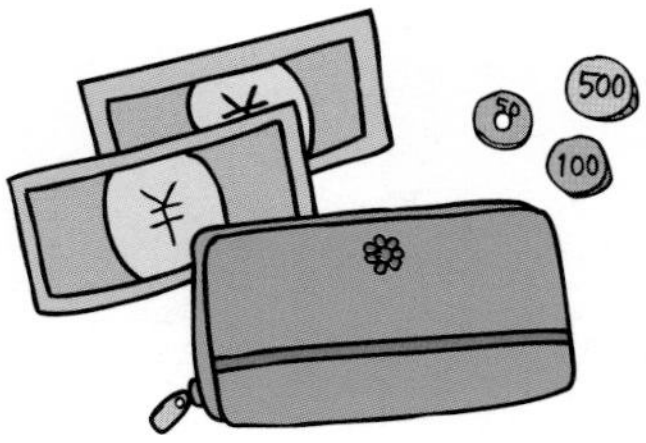

カイロ

寒い冬の受験期ならではの、あると役立つアイテムといえば、**携帯用カイロ**です。**衣服に貼るタイプ**のものや、**足裏用**など種類もたくさんありますので、用途によって使い分けてください。ただし、カイロによる**低温やけど**には要注意。使用する際は**カイロケース**に入れると安心です。かわいいデザインのものも多いのでお子さまといっしょに選んでみては。

雨具

試験当日に雨や雪が降ったときのために、事前に**雨具**の準備をしておきましょう。**傘**だけでなく、防水性にすぐれた**レインコート**や**レインブーツ**もあると安心です。ふだん使っているものがあればそれでじゅうぶんですが、サイズは合っているか、穴が開いたり破れたりしていないかを確認しておくように。濡れたものを入れる**ビニール袋**もあると便利です。

本気を育む6年間

受験しやすい入試制度

2019年度入試からアクティブ入試がスタート

●中学校説明会【要予約】

11月17日 土 13：00~
「入試問題解説~傾向と対策~」
12月15日 土 10：30~
「受験までの心構え」

●アクティブ入試について

小学校時代に力を入れて取り組んだことや、
自分が一番得意としていることを活かす得意型入試です。

試験内容	国語または算数のどちらか1科目
	アクティブシート記入
	面接(受験生のみ)

武蔵野 中学校 高等学校
Musashino Junior High School & Senior High School

〒114-0024
東京都北区西ヶ原4-56-20
TEL：03-3910-0151
FAX：03-5567-0487
URL：http://www.musashino.ac.jp/

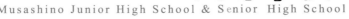

中学受験直前対策号

入試直前 必勝ガイド

CONTENTS

これからの中学校選びの視点は
その中高教育は大学につながりさらに職業につながっているか

見逃したくない実務教育への流れ

Educational Column

森上 展安

森上教育研究所所長

森上 展安 ―― *Nobuyasu Morigami*

「受験」をキーワードに幅広く教育問題をあつかう。とくに中学受験について永年のデータ蓄積があり、そこから導きだす分析をベースにした鋭い指摘に定評がある。近著に『偏差値だけではわからない 塾も学校も教えてくれない 入って得する人気校の選び方―中学受験白書2011 首都圏＋全国480校』（ダイヤモンド社）などがある。

ふたつのニュースに見える これからの高大接続教育

「高大接続」の動きがさまざまに具体化しつつあります。いうまでもなく２０２０年度からの「高大接続」改革に向けての動きです。

ひとつは東京大が２０２０年度の入試要項を発表し、そこで英語の外部検定・資格試験（以下、外部テストと略称）の成績の提出を義務化しなかったことです。義務化しないことで地域格差に配慮する一方、調査書へ取得資格について記入し申告することにしました。ＣＥＦＲ（セフアール）でＡ2レベル以上であることを求めています。政府文科省の方針「２０２３年度入試まで、大学入学共通テストの英語試験と外部テストの英語のスコアと併願して利用し、それ以降の入試では外部テスト利用のみ」に対し、はたしてそれでよいのか、という東京大の問題提起です。

ただ、その東京大にしても基準としてＣＥＦＲでのＡ2レベルをしめしました。これは最低基準を明示している点で価値があります。

もうひとつは、9月28日付読売新聞夕刊が1面で書いた文科省の来年度事業としての「理系・高大一貫」事業です。ＳＳＨ事業認定校と近隣大学を公募し、SSH事業のモデル事業として、ひとつの大学に5つの高校が「理系・高大一貫」の接続プロジェクトを組むとのこと。「理系・高大一貫」事業指定となればプロジェクト参加生は、接続する大学の課程に高校在学時からインターンとして参加できたり、大学の単位を取得できたり、なによりＡＯ入試の対象となります。つまり「推薦入学組みこみ型のプロジェクト」で、大学附属校や系属校ともちがう大学理系学部と直結した学びを高校から得られるわけで、より接続が明確です。

これは附属校・系属校以上の「一貫教育」といってもいいですね。これを当面は、ＳＳＨ指定校からモデル化する、というのですからきわめて妥当な方法だと思います。

このプロジェクトを行うＳＳＨ指定校に進学すれば大学の講義や実験などをつうじて大学入試を気にせず研究活動をつづけられるわけで「高大接続」の本命のような事業でしょう。筆者に言わせれば、文系ならＳＧＨでも考えやすいので、新規巻き返しで始められる予定の「新生ＳＧＨ」にもこうした「接続」モデルを策定してもらいたいですね。

以上、ふたつの施策に共通するのは「高大接続」のなによりの目的がこれまでの「大学入試」にかわる高い教育の質を担保する仕組みづくり、だということです。高校と大学が、お互いに教育の質をこうした「基準」や「プロセス管理」を利用して実現する方向だと理解できます。

中学校選びでも見極めたい 学びが職業までつながるか

ひるがえって中学入試に置き換えて考えると、これからの学校選びも以上の流れをおさえて考えていくのがよいと思うのです。

まず英語は東京大ならずともＣＥＦＲのＡ２レベル（すなわち最も知られている英検に置きなおせば２級レベル）まで中高で実力をつけてくれる学校、という具体的基準ができたわけで、そのような達成を確認できるかどうか、という点を学校選びでは押さえておきましょう。

つぎに「理系・中高一貫」のモデルに関しては従来の「附属・系属」モデルとちがう「カリキュラム上の一貫」で、モデル指定された理系一貫プロジェクトの学びを履修すれば具体的な大学の学部と直結するため、社会への出口、すなわち職業選択に直結する強みがあります。

もちろん大学附属校なら現在でも「接続」してはいるのですが、今回の国の事業はＳＳＨ指定校と大学との一貫のため、このたび聖光学院と豊島岡女子学園が新たにＳＳＨ指定校となったので、たとえば東京工大とこれらの学校のＳＳＨ指定校の間が仮にモデル事業化されたなら、ＳＳＨのプロセスのなかに東京工大への推薦が組みこまれることになります。高校生にとっても大学にとっても顔の見える選抜で、たんに入試答案ではない、実験やリポート、アイデア、調査などをとおした学力の質を把握したうえでの選抜になります。

これは大学附属・系属人気とは角度を変えた「進学校＋ＳＳＨ指定校」で、人気を呼ぶものと思われます。

ただこれは高大接続の、いわばひとつの理想型です。現在、高大連携事業を進めているところはもう一歩進めてこういった高大接続システムを整えるといったやり方も当然考えられるでしょう。

文科省のモデルは理系一貫のため、やはり国立大学が大学としては適格性が高いものの、そこは私立大学も得意分野の強みがあれば同様の試みもできるでしょう。ＳＳＨの実情も全国的にみれば公立高校のナンバー１、ナンバー２の名門校が指定されているケースが多くみられ、愛知地区なら当然名古屋大との一貫ということになって、結果的には現状の入試と量的な意味での実績では変わらないかもしれません。しかし、その内実は大きく変化します。

そのような一貫プロジェクトが立ちあがったときに最も重視されるのが出口戦略、すなわち、社会にどのように接続するか、ということです。

過去、評価された京都大何人合格という実績でなく、どのような就職を得たかという指標が浮上してくるでしょう。法学部に進学しても法職につけず、教育学部に進学しても教職につけない、経営学部に進学しても経営に携われない、という大学の空洞化現象を改善できる可能性があります。少なくとも高校の学びが受験入試教育から職業を見据えた実務教育に転換する契機になるはずです。

ただこうしたドラスティックな動きが起こるか、というと前記したようにモデル事業化されるものは、あまり意外性に富んだものではなく、「入試」の実態を反映したものに近いでしょう。つまり、その高校の卒業生が多くその大学学部に進学してきていた、いわゆる実績校から「高大一貫」は形成される、と思います。

ただ一方でこうした理系などの教育は早期の専門性を特徴とするので、かならずしも理系にしぼれない、また理系であっても別の方向も考えたい生徒にとって、今後ますます重要なのは、いわゆる教養、つまりリベラルアーツ教育だと思われます。

そしてこのリベラルアーツ教育は、現代という時代にあっては国際教育とも相互に親和性が高いので、ＩＢ（国際バカロレア）教育を行う学校も注目されるでしょう。ＩＢ教育といってもＩＢ課程を受けたインターナショナルスクールはもちろんですが、ＳＧＨ指定校などの教育も下敷きにはＩＢ教育があります。

また、このことは在籍生に帰国子女とか在日外国人の子女を受け入れ、多様な個性を学校文化とする方向に向かっていて、また、学校行事にも海外中高生との交流経験を取りこむところが人気を増しています。

いずれにしても教育は個人個人が対象で、その一人ひとりが主体的に学びに向かえるか、他人とうまく協調できるかという学び、ひいては人格を培うことですから、そこは大切にされなくてはいけません。

合格を勝ち取るために

押さえておきたい直前期の心得

いよいよ入試本番が迫ってきました。ここでは、合格を勝ち取るために押さえておいてほしい６つの心得をご紹介します。この心得を胸に入試直前期を過ごし、悔いのないよう本番を迎えてください。

心得その1　学校選びが成功のカギをにぎる

入学後のイメージががんばる力になる

受験校を適切に選べるかどうかは、中学受験の成否を分ける重要なカギになります。各ご家庭では、これまで学校選びについていろいろ話をされてきたことでしょう。これからの時期は、たんなる「希望校」から「具体的に受験する学校」、つまり「合格したら入学する学校」を選んでいく時期です。

受験生本人が絶対に入りたい学校がある場合など、すでに第1志望校が決まっているご家庭もあると思いますが、中学受験では併願校も含めて複数校を受験するのが一般的です。ですから併願校についても、よく考えなければなりません。

そのときに大切なのは、受験生が入学後の自分をイメージできるかどうかです。中高生活をその学校で送るようすを思い浮かべることができれば、それが受験を最後までがんばりぬく原動力になります。そのためにも、各校の説明会などに参加して得た情報を参考にしながら、本人ともよく話しあい、受験校を早めに定めることをおすすめします。

偏差値以外の多様な観点から学校を選ぶ

さて、ではどう学校をしぼっていけばいいのか。まず確認したいのは、入試日程や難易度などです。受験したい学校が複数あっても、試験日が同じなら受験できませんし、過去のデータから判断して、現在の本人の実力とあまりに差がある学校ばかりを選択するのは危険です。

とはいっても「偏差値」ばかりを気にするのは考えものです。偏差値は、一定のデータをもとに学校を分析し、数値化したものですから、各校を比較する際には便利に思えます。しかし、偏差値はあくまで入試における難易度を数値で表したものにすぎず、「学校の評価」を数値化したものではないのです。少しでも偏差値の高い学校を選ぶことにこだわっても意味がありません。

ですから偏差値は判断基準のひと

つとしてとらえ、偏差値以外にも、学校の雰囲気、学校行事や部活動への取り組み方、将来への展望といった観点にも目を向けるようにしてください。そして、お子さまがその学校に向いているかどうか、受験生本人がその学校で学びたいと思うかなども含め、多様な観点から学校を選んでいくことが重要です。

大学合格実績を鵜呑みにしないこと

　受験校選びでは、大学合格実績も気になるところでしょう。とくに大学附属校ではない進学校の場合、中高6年間をその学校で過ごしたあと、どのような進路を選びとることができるのかを知ることにつながるのですから、重視されるのは当然といえます。ただ、大学合格実績に注目する際に、注意してほしい点がいくつかあります。

　ひとつ目は、現在公開されている実績の数値は、6年前に入学した生徒の実績だということです。その間に教育内容が変わっている可能性がありますし、2020年度から大学入試制度が大幅に変わることへの対応策として、中高の段階から改革を進めている学校もあります。そうした各校の「現在」の教育も考慮していきたいものです。

　ふたつ目は、学校が合格実績を「合格者数」「実進学者数」のどちらで公表しているかです。実進学者数の場合は、ひとり1大学・学部のみですので、合格者数よりも数は少なくなります。そして、1学年の在籍者数も確認してみましょう。定員の少ない小規模校の場合、合格者数自体は少なくても、合格率は非常に高いということもあります。

　3つ目は、気にされるかたも多い「現役進学率」についてです。現役進学率が低い学校のなかには、現役時に合格した大学があっても、より高い目標を実現するために、翌年再度難関校にチャレンジする生徒が多い場合もあります。ですから、現役進学率が高い学校の方がいいとは一概には言えないのです。

　また、最近とくに人気が高まる医学部医学科の合格実績は、内訳も詳しく分析しましょう。国立大学医学部合格者が、私立大学医学部に同時に合格していることも多く、その両者が合格者数としてカウントされていることもあるからです。

「第1志望校」のとらえ方を変える

　ここまでご紹介したように、中学受験最大のメリットは、多くの選択肢のなかから学校を選びとることができる点です。

しかし、なかには残念ながら、せっかく選んだ第1志望校とご縁がない結果となってしまうこともあるでしょう。たとえば受験倍率が2倍の学校を受験した場合、単純に考えると受験生の半分は入学できない計算になります。

もしそのような状況になり、合格した併願校へ進学することになったときは、ぜひ進学する学校が「第1志望」であったととらえるようにしてください。「受験校」は「合格したら入学する学校」として、多様な観点を比較して選んできたと思います。そうして選んだ学校は、それぞれ異なった教育方針のもと個性的な教育活動を展開し、受験生や保護者のみなさんに響く魅力があったはずです。

併願校として受験した学校に入学することになったとしても、「ここが第1志望だった」とポジティブに考えて進学する方が、その後の中高6年間がより充実したものになることでしょう。

心得 その2 メンタル、健康にも気を配ろう

「もう○○日」ではなく「まだ○○日」と考える

個人差はありますが、入試本番が近づいてくると、受験にのぞむという気持ちが現実化してきて、受験生本人は勉強にも前向きな姿勢で取り組むようになってきます。これまではのんびりしていた性格のお子さまも、少しずつ受験生としての自覚が芽生えてくるのです。

小学生のうちに、こうした積極的な姿勢で勉強に取り組めるお子さまは、なかなかいないのが一般的です。その姿勢は勉強だけではなく、生活全般にわたっていい影響をもたらし、いろいろなことに前向きに取り組むことにもつながります。

もし中学受験に挑戦しなかったら、そうした姿勢を身につけるのもむずかしいでしょう。受験という厳しい現実に直面しつつも、貴重な経験ができることが、中学受験にのぞむメリットのひとつと言えます。

また、この時期は進学塾などで「入試まであと○○日」などとカウントダウンが始まる時期でもありますが、焦る必要はないとお子さまにアドバイスしてあげてください。まだまだ合格のためにできることはたくさんあります。焦ることなく、「もう○○日しかない」ではなく、「あと○○日もある」とプラス思考でとらえ、やるべきことを着実にこなしていくことが大切です。

勉強は時間よりも効率を重視して

直前期ともなると、よりいっそう勉強に熱が入り、夜遅くまで長時間机に向かうという受験生も多いと思いますが、この時期に大事なのは学習時間の「長さ」ではなく、学習の「密度」、「効率」だということを覚えておいてください。

これからは、インプット（新しい知識を獲得すること）よりも、アウトプット（すでに学んだことを必要に応じて使っていくこと）に重きをおいて学習した方が、いい結果につながります。かぎられた時間のなかで、効率よく密度の濃い学習を進め、入試で得点できる力を培っていきましょう。

そして、保護者のかたは、お子さまが睡眠をしっかりとっているか、体力的に無理をしていないかということにも気を配ってください。

受験生はどうしても無理をしがちです。その無理がたたって体調を崩し、思うように勉強に取り組めない日々がつづくとなれば本末転倒です。本人ではなかなか気づきにくい部分もあるでしょうから、保護者のかたがうまくコントロールして、お子さまの無理のしすぎを防ぎましょう。

不安になる受験生を支えるのが保護者の役目

受験生はみなさん合格を願って日々努力を重ねていると思いますが、合格する人もいれば、残念な結果になってしまう人もいるのが受験の厳しいところです。そんな現実を前に

合格を勝ち取るために

押さえておきたい 直前期の心得

合格できるかどうか不安に思ってしまうのは、受験生ならだれしも当たり前のことです。

そして、ネガティブな気持ちは、プレッシャーとなって受験生にのしかかってきます。受験勉強は、「これだけやれば○K」と判断できるものではなく、むしろ真剣に取り組めば取り組むほど不安やプレッシャーが大きくなるかもしれません。

保護者のかたは、まだ小学6年生のお子さまがそうしたプレッシャーに耐えているのを近くでご覧になるわけですから、いたたまれない気持ちになるでしょう。

しかし、そんなときこそ保護者の出番です。受験生だけが不安になっているわけではないことを伝え、「真剣に勉強してきたから心配になるのだ」と励まし、受験生の支えになってあげてください。逃げることなくプレッシャーに真正面から向き合えば、それを学力を伸ばす力に変えていくことができます。

日々の体調管理に加えて 歯の状態にも注意する

直前期は寒さの厳しい冬ということもあり、風邪やインフルエンザに感染しやすい時期でもあります。受験生の健康に留意するのはもちろん、ご家族自身も体調管理をしっかりして、健康維持に努めましょう。

風邪の予防に有効な、帰宅時における手洗い、うがいを家族全員が習慣づけておくといいでしょう。そして、インフルエンザは予防が第一です。インフルエンザの予防接種は、家族全員が受けておくようにしましょう(病気の予防については62ページからのコーナーも参照してください)。

また、見落としがちな歯の健康にも注意したいものです。虫歯は自然治癒することはありえませんから、入試直前に虫歯が痛みだせば、大きな負担になってしまいます。いまは、とくに異常がないようでも、なるべく早めに歯科医院を訪れ、検診を受けておくと安心です。

もしそこで虫歯が見つかって治療を進めることになった場合は、あらかじめ入試日程を先生に伝え、適切な治療をお願いしましょう。

「合格カレンダー」で 日程を管理しよう

中学受験は併願校を含めて、平均的には4、5回、最小でも2回の受験をすることになります。そして、それぞれの入試は、出願日、出願方法が異なり、さらに事前面接がある場合もあります。

受験する学校が多ければ多いほど、受験期はスケジュールが錯綜してくることが予想されます。そのため、そうした種々の日程をまとめた一覧表を作成しておくと便利です。ここでは、この一覧表を「合格カレンダー」とします。

そして、当日の付き添いはどうするか、合格発表日や入学手続き締め切り日など、細かなことも書きこんでおき、家族全員で日程を共有しておくことをおすすめします(「合格カレンダー」については、77ページから詳しく説明しています)。

心得その3 「入試問題解説会」は有効活用すべし

解説授業をとおして先生の雰囲気を知る

ここ数年、12月から1月にかけての直前期に「入試問題解説会」を実施する学校が増えてきました。「入試問題解説会」では、各校の先生がたが自校の前年度入試問題を教材に、出題のポイントや注意事項など、受験の参考となる内容を具体的に解説してくれます。

保護者向けの説明会と並行して、受験生向けに、実際の入試と同じ教室、同じ制限時間内で、問題を解く機会を設けていることもよくあるようです。受験校での本番さながらの経験は、これまで受けてきた模擬試験とはまたちがった臨場感を味わうことができ、入試のシミュレーションとして効果的です。

また、問題を解いたあとに、学校の先生から問題についての詳しい解説があるのもうれしいポイントです。その問題の出題意図や受験生が陥りやすい失点部分、部分点がどのように与えられるかなどの解説に加え、ミスを防ぐ方法や、記述式解答における答えの書き方など、答案を作成するにあたって参考となるアドバイスが受けられます。その際、だいたいの合格基準についても説明がなされるため、実際の合格レベルを知ることもできます。

そして、こうした解説授業は、入学したらどんな先生が、どんなようすで教えてくれるのかを実際に体験できる機会でもあります。この経験がプラスに働いて、「合格したい!」という気持ちが高まり、勉強にもそれまで以上に力が入るようになったという受験生も実際にいます。

そのほかにもメリットはたくさん

「入試問題解説会」に参加するメリットはほかにもあります。入試会場でもある学校への交通手段・所要時間を最終確認できる点です。解説会の日に、最寄り駅からの経路も含めて再確認しておけば、当日も落ちついて会場に向かうことができるはずです。

なお、寮を完備している学校などは、学校の校舎以外の施設（別会場）で入試を実施することもあります。別会場では、試験中に保護者が待機する場所に入りきらなかったり、そもそも待機場所が用意されていないということもあります。下見をつうじて、会場付近で待機できる場所を探しておくと安心でしょう。

このように、「入試問題解説会」に参加することはさまざまなメリットがあります。なにかと忙しい時期ではありますが、もし受験を検討している学校で開催されるようなら、時間をやりくりして、ぜひ参加してみてください。

とくに、まだ志望校をしぼりこめずに迷っているご家庭があれば、「入試問題解説会」を学校訪問ができる貴重な機会ととらえて活用していただきたいと思います。

多くの場合、受験生が問題を解いたり、解説授業を受けたりしている間を利用して、保護者向けに学校説明がなされます。それまでじゅうぶんに情報収集できていなかったかたも、そこで確認した内容を志望校選択の判断材料にすることができるのでおすすめです。

心得その4 出願は焦らずあわてず余裕をもって

入学手続きの方法はくまなくチェック

出願の準備をする前に、各校の入学手続きについて、よく確認しておきたいものです。なかには合格発表当日、もしくはつぎの日までに指定の費用を納入し、手続きをすませなければならない場合もあります。

まず、費用納入は、現金で学校窓口に納入するのか、銀行振り込み指定であるかを事前にきちんと確かめ

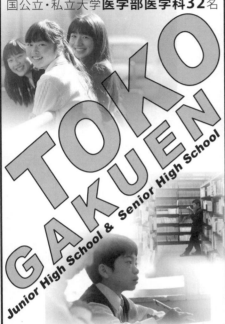

合格を勝ち取るために

押さえておきたい 直前期の心得

ます。そのうえで、振り込み指定ならば、学校近くに金融機関があるかどうか、コンビニエンスストアなどでATMが利用できるか、それは振り込み機能もついたATMか（預金引き出しのみの機能で振り込みできない場合もあります）、振り込み限度額はいくらか、などを確認しておきましょう。

　複数校を受験する場合、合格発表の日程が、重複したり近かったりすると、そのときになってあわててしまいがちです。前述の「合格カレンダー」などで、きちんと整理しておくようにしましょう。

早めに入手したい 各校の願書

　本番が近づくにつれて、願書入手のために動く時間をやりくりするのがむずかしくなりますし、期限ぎりぎりに出願しようとすると、焦りで思わぬミスを誘発する原因ともなりかねません。

　そのため、受験の可能性がある学校の入学願書は、早めに入手しておくことをおすすめします。学校説明会や各種学校行事の際にもらっておくのも手です。

　ただし、早い時期の説明会では、まだ新年度の願書が完成しておらず、前年度のものを参考として配布している場合があるので注意してください。誤って前年の願書を使用してしまい、出願時に窓口で書きなおしたという人もいます。記入する前には、当該受験年度の願書であるか、かならず確認してください。

　また、願書に記載されている年度表記も学校によって異なることもありますから、気をつけたいものです。各校のホームページでは願書の配付方法について掲載していますので、それらも参照してください。

願書記入時の 注意点とは

　1月中旬から入試が始まる学校を受験する場合、年末はとくにあわただしくなるでしょうから、それより前に願書の記入を終えておきたいものです。それ以降の入試でも、遅くとも出願の1～2週間前には終えておくことが望ましいでしょう。

　そして、可能であれば、コンビニ、家庭用プリンタなどで、記入後のコピーをかならずとっておきます。他校の願書でも、すでに記入ずみのものがあれば、つぎに記入するときに参考になります。

　なお、中学受験の願書は保護者が記入することを前提につくられていて、実際ほとんどの場合、保護者が記入しています。文字の巧拙を気にされるかたがいますが、合否にはまったく関係ありませんから安心してください。正確かつていねいに記入すれば大丈夫です。

　そのほか、願書作成の際に必要なものとしてあげられるのが受験生の顔写真です。多くの場合、願書に貼付が求められるので、前もって用意しておきます。各校とも求められる写真のサイズはほぼ同じですから、受験校より少し多い枚数を用意しておくといいでしょう。試験中に願書写真で本人確認がなされるので、メガネをかけているならメガネを着用して写真をとりましょう。

さらに、健康診断書など、願書以外になにが必要かも確認しておきます。小学校の通知表のコピーの添付が必要な学校も増えています。2学期末に通知表をもらってきたら、すぐにコピーしておきましょう。

もし、在籍小学校からの調査書が必要な場合は、担任の先生に調査書の発行をお願いしなければなりません。学年末は卒業をひかえてなにかと多忙な時期ですから、日程にゆとりをもって、早めにお願いすることを心がけましょう。

インターネット出願時の注意点とは

ここまで紙の願書出願時の注意点をお伝えしてきましたが、近年はインターネットでの出願を導入する学校が増えてきています。なかには、インターネットでの出願のみに一本化している学校もあります。

インターネットならば、極端な例として、入試前日の夜まで出願が可能になります。ぎりぎりまで出願を検討したり、急遽出願校を変更したりできるわけですから、とても便利に思えます。

しかし、ルーターが急に故障してしまった、急にネットに接続できなくなったなど、予期せぬトラブルに見舞われることも考えられます。出願時にご家庭のパソコンやネット環境に不調が生じてしまったときどうするか、あらかじめ考えておけば、そうした不測の事態に陥っても落ちついて対応できます。とくに入試前夜に出願するときは、代替手段をこうじておきたいものです。

また、インターネット出願では受験料の払い込みがクレジットカード決済になることが多いので、使用可能なカードを保有しているかも事前にチェックしておいてください。

出願書類は学校ごとに分けて整理して

さて、ここまで見てきたポイントをふまえて用意した出願書類は、外から見て内容がすぐわかるように、学校ごとにクリアファイルなどに収納して、あらかじめ決めた保管場所へ置いておくといいでしょう。そうすれば、確認したいことがある場合や、急に必要になった場合、すぐに手に取ることができます。

書類同様、出願後に発行された受験票も、学校ごとに分けて決めた場所に保管しておけば、入試当日の朝、受験票を探し回ることなく試験にのぞめるでしょう。

受験校への交通経路が、乗り換えが多く複雑な場合は、事前にインターネットで検索した経路をプリントアウトして前述のクリアファイルに入れておき、それを当日持参するようにすれば迷わずにすみます。

願書記入については、46ページから詳しく説明していますので、参照してください。

心得その5 本番間近はコンディションの調整が最重要

徐々に朝型に移行していこう

午後入試を取り入れる学校が増えてきたものの、やはり主流は午前中の入試です。眠りから目覚めても、脳はすぐに完全に機能するわけではありませんから、試験開始時刻から脳が完全に働くように、本番までに生活パターンを「朝型」にしておきたいものです。

とはいっても、人間の身体は、新しい環境や生活パターンにすぐに適応できない面があります。しかも、とくに熱心なお子さまは、夜遅くまで勉強をがんばる「夜型」の生活パターンになっているのではないでしょうか。ですから、夜型から朝型への移行は、できれば1カ月ほどの時間をかけて、徐々に行っていきましょう。

早い時間に起きることが目的なのではなく、重要なのは身体と脳を朝から目覚めさせることですから、無理は禁物です。脳が目覚めたことを実感できるように、起きたらまずは

合格を勝ち取るために

押さえておきたい 直前期の心得

カーテンを開けて朝日を浴びたり、窓を開けて外気を取り入れ、空気を入れ替えるのも効果的です。

そして、「夜型」から「朝型」へ移行するために、睡眠時間を削ることは避けてください。しっかりと睡眠をとらなければ、起床後も眠気が残り、逆効果になってしまいます。育ちざかりのお子さまですから、睡眠時間の確保は重要です。

ではどう「朝型」へ移行していくか。それは就寝時間を徐々に早めていくことです。早く就寝すると、夜の勉強時間が短くなってしまうため、心配になるかたもいるかもしれませんが、受験生のみなさんはこれまですでにたくさん勉強してきているはずです。

この時期は、勉強時間や学習量よりも、コンディションを重要視する時期です。入試本番に自分の力をすべて発揮するためにも、「朝型」への移行を成功させ、脳のコンディションを万全に保ちましょう。

また、「朝型」の生活スタイルが定着してきたら、そこから頭を働かせる習慣も身につけるようにしたいものです。内容は、漢字の練習や計算問題、前夜に学習した社会や理科の暗記事項の復習など、短時間でできる取り組みやすいものでかまいませんから、徐々に脳を慣らしていきましょう。

家族みんなで受験生を支えたい

【心得2】の箇所でもお話ししたように、受験に不安はつきものです。その不安は試験が近づくにつれて大きくなり、これまでにない不安を覚える受験生もいることでしょう。しかしそうした不安を感じるのは、これまでがんばってきた証です。

それに、お子さまはまだ小学6年生です。合否という厳しい現実をともなう入試にチャレンジする際、ちょっとしたことに過度に反応してしまう場面もでてくるでしょう。

しかし、こうした経験をすることで、ひとまわりも、ふたまわりも成長できるのが、中学受験の持つ大きな教育効果です。受験生本人が本番まで走りきれるように、ご家族のみなさんは受験生の心理を理解しつつ、心のケアやサポートをお願いしたいと思います。

短時間でもいいのでだんらんの時間をつくったり、なるべく家族がそろって食事をしたり…。家族全員で受験生を支えるという意識を持っていることが、直前期を過ごすうえで大切になってきます。それがいい結果にもつながることでしょう。

なかには仕事が忙しく、いっしょに食事やだんらんなどの時間をとるのがむずかしいかたもいると思います。そうした場合は、可能なかぎり、受験をサポートする姿をお子さまに見せることが大きな励ましとなります。

たとえば、学校の下見、交通手段の検索・検討、日程表（合格カレンダー）の作成、出願や合格発表の方法の確認、パソコンを活用しての情報収集など、それぞれが得意な分野で受験生を支えてあげられるはずです。

そうしたご家族の姿を見たお子さまは、「家族みんなが応援してくれている」と感じ、最後までがんばる力がわいてくることでしょう。

このように、家族全員がチームとして受験生を支える中学受験は、一体感を感じられるいい機会です。とくに、受験生に弟さんや妹さんがいるご家庭の場合は、そのお子さまたちにとっても、貴重な経験になるはずです。合否が気になるところではありますが、合否よりも大切なものがあると考え、ぜひ家族みんなで取り組んでください。

心得その6 大事なのは結果よりも過程である

いつもどおりに毎日を過ごす

とくに最初の受験校入試日の前日は、お子さまもかなりの緊張感、プレッシャーを感じ、平常心でいるのもむずかしいと思います。だからこそ、ふだんと同じように生活することが大切です。わざわざ学校を休むのはあまり得策とは言えません。

塾にかよっているお子さまのなかには、授業はなくても、塾の先生に会いに行きたいというかたもいることでしょう。それまでお世話になった先生の顔を見ると落ちつくでしょうし、先生からのアドバイスや激励が心の安定につながることもあります。お子さまが望む場合には、塾に行くのもいいでしょう。

そして、翌日の持ちものを確認し、早めに就寝することを心がけましょう。気持ちの高ぶりから、寝つきが悪いこともあるかもしれませんが、おとなしく布団に入っていれば、そのうちに眠れるでしょうから安心してください。

当日の出発は時間にゆとりをもって

いよいよ入試本番がやってきました。当日は時間にゆとりをもって家をでましょう。とくにこの時期は、雪の影響で交通機関に影響がでるおそれがありますから、運行状況には気を配る必要があります。

もし、公共交通機関が止まってしまった場合は、入試開始時刻が変更されます。公共交通機関を利用していれば、遅延や運休などの情報も駅や車内で入手することができます。このような事態に遭遇することも考えられるので、入試会場へはなるべく保護者がつきそってあげてください。そして、お子さまが努力の成果を100％発揮してくれることを信じて、明るく送りだしてあげましょう。

結果にかかわらず努力をたたえてほしい

合格発表は、近年、インターネットでも行われることが多くなりました。インターネットでの合否発表は、受験した当日に合否が判明するので便利ですし、学校まで行かなくても自宅で合否を確認できるので、万が一思わしくない結果になっていても、翌日以降の入試に頭を切り替えやすいという利点もあります。気を取り直してつぎに向かうような声かけをしてあげてください。

そして、保護者のみなさんには、たとえどんな結果だっとしても、お子さまが全力を尽くしたことを評価してあげてください。結果はどうであれ、受験に向けて努力してきた事実は変わりませんし、その努力は、真の称賛に値するものだからです。

冒頭でもお話ししたように、残念ながら第1志望校とは縁がなくても、ほかに合格校があるなら、その学校が「第1志望校」だと考えるようにしましょう。「中学受験は結果より過程が大切である」と言われています。そこまでの過程で多くの努力を重ね、これから新しい一歩をふみだすことに意味があるのです。

なお、塾の先生がたは、みなさんの合否結果を気をもみながら待っています。結果のよしあしにかかわらず、塾への連絡も忘れずにしましょう。

これまで述べてきた6つの心得を参考にしながら、前途あるお子さまの輝かしい未来を、家族全員で全力でサポートしてあげてください。健闘をお祈りしています。

目《め》白《じろ》研《けん》心《しん》中学校

共学校

所在地：東京都新宿区中落合4-31-1
電　話：03-5996-3133
アクセス：西武新宿線・都営大江戸線「中井駅」徒歩8分、都営大江戸線「落合南長崎駅」徒歩10分、地下鉄東西線「落合駅」徒歩12分
H　P：http://mk.mejiro.ac.jp/

学校説明会　要予約

11月27日（火）　1月12日（土）
両日とも10:30～

入試体験会　要予約

12月22日（土）　8:30～

難関大学合格者数推移
（2017年3月 既卒生含む抜粋）

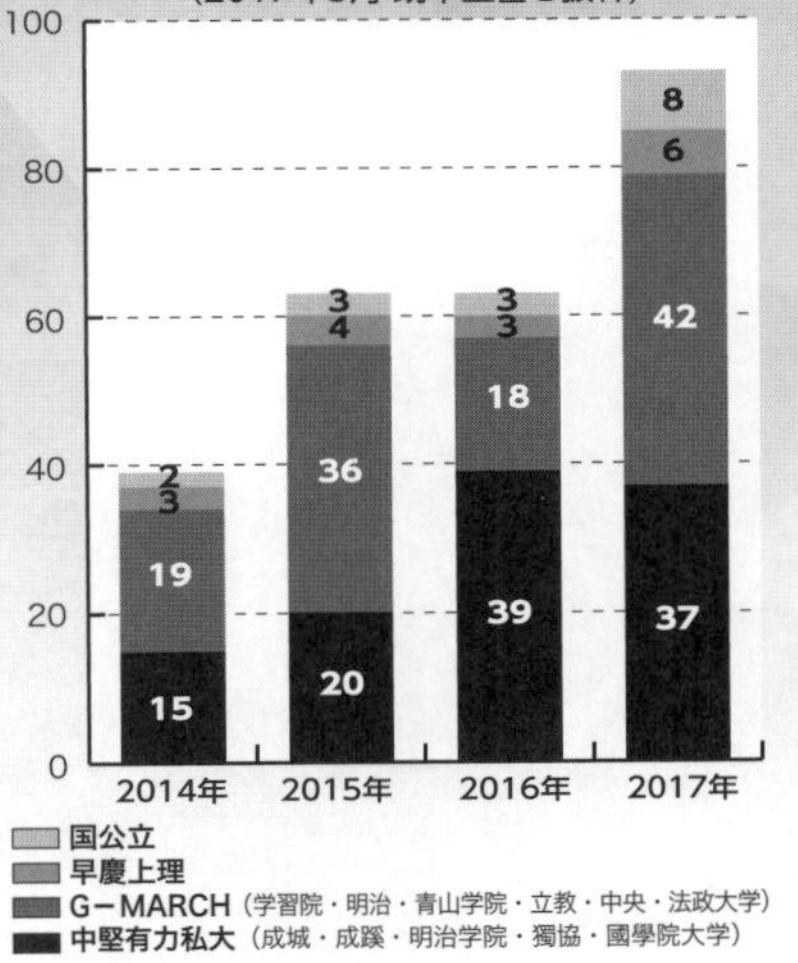

学習支援センターの利用が浸透し「受験は団体戦」という空気が生まれた

大学合格実績を伸ばしている目白研心中学校（以下、目白研心）。その要因はどこにあるのでしょうか。進路指導部主任の大木玲子先生にうかがいました。

目白研心は、2017年度（平成29年度）、東北大（医）1名、東京学芸大1名を含む国公立大に8名、早慶上理に6名、G－MARCHに42名の合格者をだしました。私立大が大幅に合格者数をしぼった2018年度（平成30年度）も、東京海洋大への現役合格者がでるなど、国公立大もふくめ「大健闘」といえる実績を残しています。

合格実績の伸長について大木先生は「2013年度（平成25年度）に開設した学習支援センターの存在が大きな要因のひとつだと思います」と話されます。

学習支援センターは、生徒の学びをサポートする施設で、中1～高2に週3回、国・数・英の確認テストを実施しています。合格点に満たない場合は映像学習やチューター指導を行うなど、学んだことを確実に定着させるよう配慮しています。

進路指導部主任
大木《おおき》 玲子《れいこ》先生

そのほか、個別に登録すると、スタッフと相談し、自分だけの勉強計画を立てたうえで、放課後に「単元別映像講座（中1～高3）」や「Vトレーニング（プリント学習、中1～高3）」、「VOD大学受験映像講座（高2・高3）」を受けられます。どれも全科目に対応しており、テキスト代のみで受講できます。また、別途費用を払うと、志望校別の個別指導を受けることも可能です。

「本校では、国公立大、早慶上理などをめざす『特進コース』を設けています。特進コースの生徒は、下級生のころから積極的に学習支援センターを利用しています。そこにG－MARCHなどの難関私立大をめざす『総合コース』の生徒も加わることで、志望校合格に向けてみんなで勉強するという雰囲気が生まれています」（大木先生）

面談で生徒と教員の信頼関係を育む

大学合格実績の伸びについて、学習支援センター以外の要因を聞いたところ、「面談を頻繁に行ったこと」と大木先生。目白研心では、中1～高3の全学年で年に3回面談を実施していますが、特進コースでは高1から年に6回ほどと、さらに密にコミュニケーションをとっています。

面談によって生徒と教員の信頼関係が育まれ、受験直前期の1月も多くの生徒が学校で勉強します。学校の実施する特別授業を受けたり、学習支援センターで自習をして教員に添削を頼んだりと、仲間や教員がいる安心感を感じながら受験勉強をする「受験は団体戦」という空気ができあがったのです。

開設6年目を迎えた学習支援センターの利用が学内に浸透し、先輩たちの雰囲気を後輩たちが受け継いでいくことで、大学合格実績は今後さらに伸びていくことでしょう。目白研心中学校のこれからに注目です。

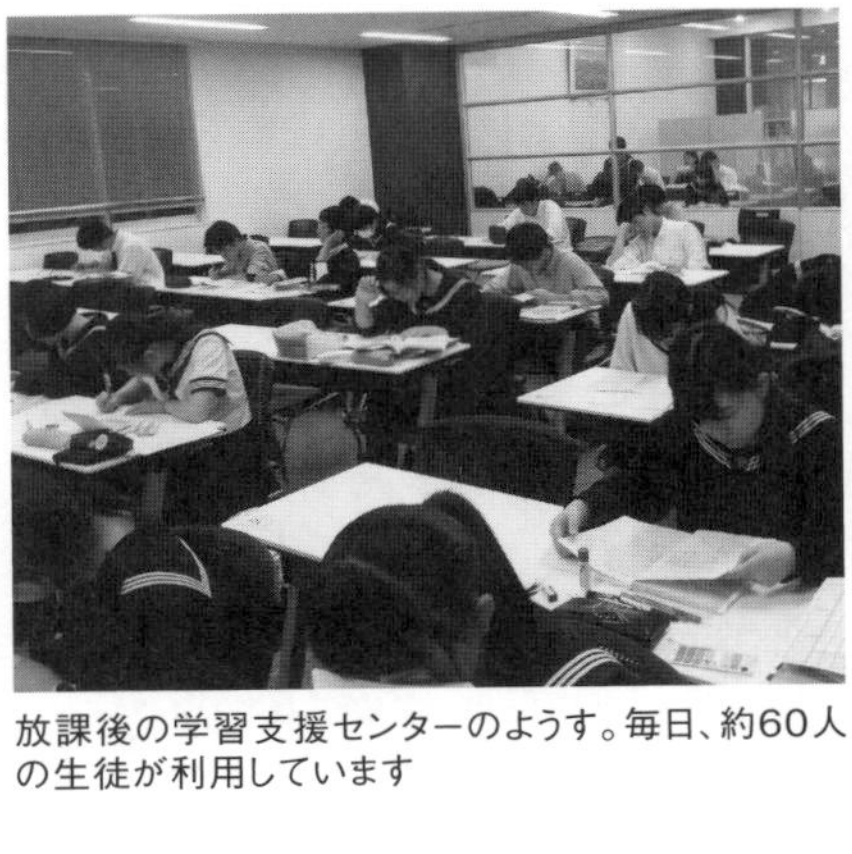

放課後の学習支援センターのようす。毎日、約60人の生徒が利用しています

社会に貢献できる人材を育成する『R-プログラム』

立《りっ》正《しょう》大《だい》学《がく》付《ふ》属《ぞく》立《りっ》正《しょう》中学校

日蓮聖人の教え「行学二道」を柱とし、勉学への積極的な情熱と豊かな人格の育成を目指す立正大学付属立正中学校・高等学校（以下、立正）。2013年（平成25年）のキャンパス移転を機に、新しい取り組みが着々と生徒の可能性を伸ばしています。

中学のクラス編成

立正では、中学生は周囲からの見守る目が最も必要な時期と捉え、中学3年間は、1クラスを30名程度の少人数で編成しています。さらに学習進度に差がつきやすい数学と英語では習熟度別授業を行い、英会話の授業ではネイティブ教員3名による1クラス10数名の分割授業を行うなど、生徒それぞれに合ったきめ細かな指導を心掛けています。

2年次からは、生徒の希望と成績に応じて、国公立・難関私立大学への進学を目標とする「特別進学クラス」とその他私立大学や立正大学を目指す「進学クラス」に分かれます。

毎日、真剣に授業に取り組んでいます

進級時に本人の希望や成績に応じたクラスの入れ替えを行いながら、原則的に高入生と混ざることなく4年次（高校1年次）まで一貫生のみのシラバスが構築されています。

また、中学の全教室には電子黒板が設置されており、タブレットなどのＩＣＴ機器と連動した、双方向型・対話型のアクティブラーニングも積極的に取り入れています。

進路指導と進路状況

5年次（高校2年次）から高入生と混合となり、生徒それぞれの進路に応じ、特進文系・特進理系と進学文系・進学理系の4コースに分かれ、志望大学への進学を目指します。

立正では、「行ける学校よりも、行きたい学校へ」を進路指導方針とし、生徒の多様な進路選択に対応するために豊富な選択科目を用意しています。また、勉強合宿や長期休暇中の講座、ＡＯ・推薦入試に特化した入試対策講座など、生徒のニーズに合わせた多数の講座を開講しています。

このような取り組みの結果、近年の大学進学実績は堅調に推移しており、毎年約8割の生徒が立正大学以外の外部大学へ進学しています。

『R-プログラム』で社会人力を養う

「2013年の校舎移転を機に本校の校是でもある日蓮聖人の三大誓願（※）の心に立ち戻り、中等教育の本来あるべき姿とは大学へ送り出すための学習カリキュラムだけを行うのではなく、社会に貢献できる人材を育成することであると考え、この『R-プログラム』を実施するに至りました」と入試広報部長の今田正利先生は語ります。

※日蓮聖人の三大誓願
「我れ日本の柱とならむ、我れ日本の眼目とならむ、我れ日本の大船とならむ」

『R-プログラム』スピーチの様子。皆、真剣です

この『R-プログラム』とは、Research（自ら進んで調べる力）、Read（主張や要点を読み取る力）、Report（意思や結果を正確に伝える力）の3つのスキルを伸ばすための立正独自のもので、主な取り組みは次のようなものです。

『コラムリーディング&スピーチ』

毎朝20分のSHRを活用し、新聞等のコラムを読み、自分の感想や意見を200字程度にまとめ、一人1分間の発表を行うプログラムです。学年が進むごとにコラムを時事的なテーマへと移行し、LHRで3分間スピーチにチャレンジしたり、クラス内でディスカッションやディベートを行ったりと少しずつ難易度を上げていきます。これにより文章の読解力・要約力、プレゼン力そして自分と異なる意見を受け入れる姿勢などが養われます。

『読書ノート&リーディングマラソン』

『読書ノート』は生徒に配付しているノートで、読んだ本の書名、ページ量、感想などを記入することで「考えながら読む」習慣を身につけます。また、1年間を3期に分け、クラス対抗でどれだけのページ数を読んだかを競う「リーディングマラソン」を開催し、読書の動機づけを行っています。昨年度、3年次の年間読書量の平均は約2500ページでした。

『キャリアプログラム』

『R-プログラム』では、1年次から『キャリアプログラム』を実施しています。

1年次に行われる卒業生による「職業講話」から始まり、2年次、3年次の「職場体験」と学年が上がるごとに実践的なプログラムとなっています。

特に3年次のインターンシップ（3日間）では、企業で行われる会議に参加したり、店頭に立ったりと実際の仕事を体験します。事前打ち合わせから企業訪問まですべて生徒たちだけで行うため、企業の方から注意を受ける生徒もいます。また、体験した現実の仕事と想像とのギャップに戸惑う生徒も少なくありませんが、それも社会経験の一つとなり、将来の目標を決めるための糧になると考えています。体験後には、一人ひとりが「体験報告会」でプレゼンを行い、様々な体験談と将来の目標を発表します。

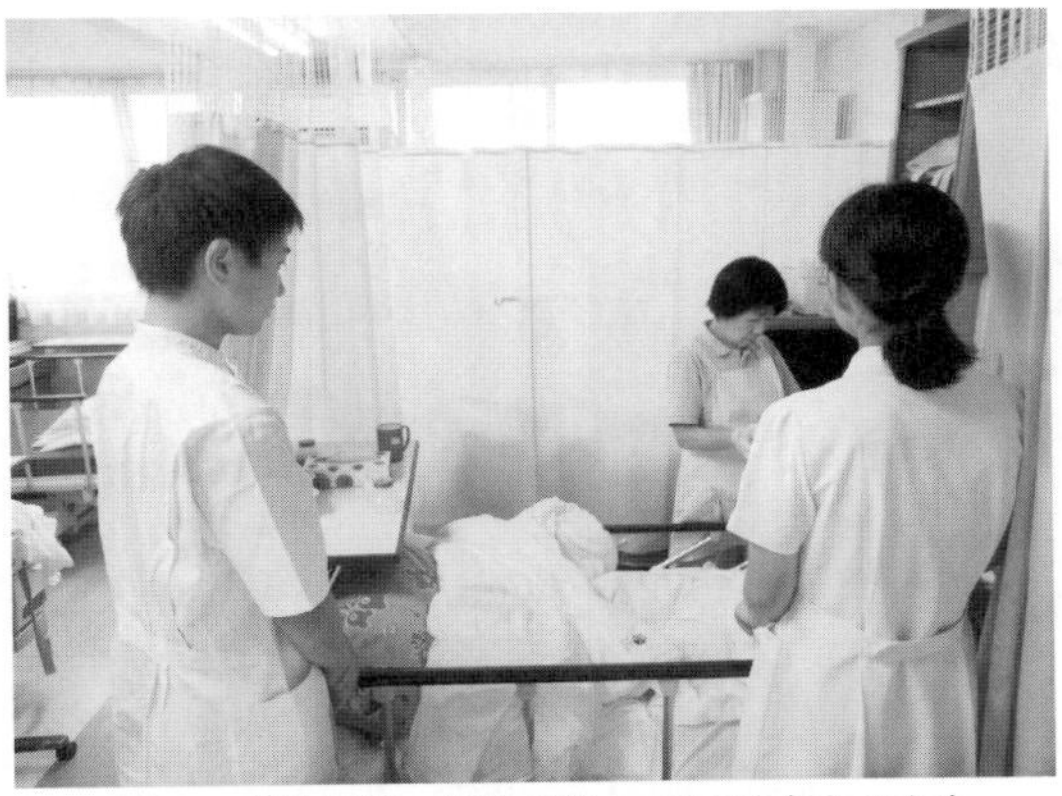
病院での職場体験、緊張が背中からでも伝わります

「立正では、これらのプログラムを6年間という一貫教育の利点を活かし、反省と見直しを繰り返しながら継続して取り組むことに意義があると考えています。このプログラムを行うことで、生徒たちは自らアクティブラーニングを行い、プレゼンテーション力を養うことができます。この力は大学進学後、そして社会人となったときに必ず自分自身を支え、助ける力になると確信しています」
（入試広報部長　今田正利先生）

立正大学付属立正中学校
［共学校］
〒143-8557 東京都大田区西馬込1-5-1
TEL：03-6303-7683
URL：http://www.rissho-hs.ac.jp
アクセス：都営浅草線
「西馬込駅」西口下車徒歩5分
※JR線「大崎駅」からスクールバス有
■学校説明会（要Web予約）
12月09日（日）09：30～
12月22日（土）14：00～
※両日とも入試問題解説会を実施
01月12日（土）10：00～
※授業見学を実施

ポイントはここ!

国・算・社・理 この時期からの勉強法

「持ち時間」を「見える化」する

「直前期」「ラストスパート」という言葉を目にする機会が多くなるこの時期。なんだか焦りを感じてしまうのは、受験生なら当然のことです。しかし、焦っているだけではなにも始まりません。本番で実力を発揮するためにも、これからご紹介するポイントにしたがって、効率よく勉強を進めていきましょう。

まずおすすめしたいのは、本番までのあとどれだけ残り時間があるか、「見える化」することです。「見える化」といっても、ただ漠然と「あと○○日」と記すだけではありません。スケジュール帳やカレンダーを使い、残りの期間をひと目でわかるようにするのが「見える化」です。

例として、時間の区切りがわかるようになっている1週間型のスケジュール帳を使ったとします。あらかじめ、「睡眠」「学校」「食事」など、勉強に使えない時間をグレーで消して、そのほか塾の授業など、決まっている予定の時間を書きこむと、なにも書かれていないところがでてきます。そこが受験勉強で使える時間ということになります。その部分を好きな色で塗っておくと、残り時間（持ち時間）がひと目でわかるので、計画を立てる際に役立ちます。

やるべきことを取捨選択する時期

これまで受けた模試や、いま取り組んでいる過去問の結果をみると、どうしても苦手分野に目がいくことでしょう。そしてそうした部分については、「もっと勉強しなければ…」という気持ちになりがちです。

しかし、直前期だからといって、必要以上に時間をかけたり、特別なことを始めたりする必要はありません。これからの時期は「あれもこれも」とよくばるのではなく、取捨選択する時期に入ってきています。「これはもうやらない」「あれはやり直す」など、よく考えて決断をくだしていきましょう。

また、なんとなくテキストや参考書を眺めて視覚頼みの勉強をしていては、雑になってしまう可能性があります。「あとで復習しよう」と思っても、その「あと」の時間をとるのはなかなかむずかしい時期に入ってきています。「これが最後の機会」という気持ちを忘れずに、しっかりと手を動かしたり、声にだしたりしながら学習しましょう。

朝イチからの勉強で脳を活性化させる

「とくになにもしないまま、気づくとその日が終わっていた」という経験がある人はいませんか？　その原因として、「勉強内容を考えているうちに時間が経ってしまう」「気持ちが乗らないままなんとなく勉強をスタートしてしまう」といったことがあげられます。

勉強をつづけていれば、思いどおりに進まない日もあるとは思いますが、できるならこうした状況は避けたいものです。そのために机に向かい始める時間と勉強内容を、ある程度固定することをおすすめします。

ポイントは、①得意教科②単純なもの③短時間（15分～20分程度）④手作業をともなう学習、です。たとえば算数が好きな受験生なら、計算問題や1行問題、国語が好きなら漢字などの知識問題、社会や理科なら写真を見て名称を答えるような一問一答などが最適です。

こうした取り組みをつづけるうちに習慣となり、毎朝歯を磨かないと気持ち悪いと思うのと同じように、朝起きて問題を解かないと、なぜかすっきりしない感覚になってきます。取り組みやすい勉強から始めて脳を活性化させ「なにもしないまま1日が終わる」のを防ぎましょう。

さて、ここまではこの時期における学習のポイントをお伝えしてきました。ここからは、国語、算数、社会、理科、それぞれの教科のポイントを見ていきましょう。

国語

文章の全体像をとらえる

論説文を読むときのポイントは、結論を導きだすまでの流れに注意を払うことです。物語文は、登場人物（とくに主人公）の心情の変化が描かれています。だれをめぐって、なにが起こって、登場人物（主人公）の気持ちがどう変化したかを書きだしておくと、内容が整理されて問題が解きやすくなります。そして、論説文と物語文、どちらも全体像をとらえることが大切ですから、これを習慣づけておきましょう。

暗記にもひと工夫を

まちがえた漢字や語句を、解答を見てただ何回か書いて復習するだけでは、読めない・書けない漢字などは、意味がわからず言葉として使えないままの状態でしょう。それは慣用句やことざわも同様です。

これらは復習の際にきちんと意味を調べ、理解したうえで、その言葉を使った例文をつくる、具体例をあげる、ひと言にまとめるなど、工夫しましょう。漢字や語句は丸暗記で終わらず、この時期だからこそ、ひと手間をかけて覚えるのです。きちんと「使える」言葉としてストックしておくと、記述力の向上にもつながるので一石二鳥です。

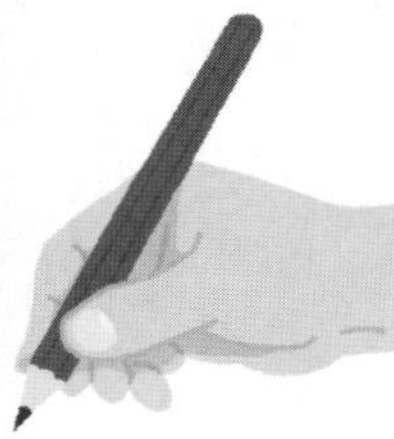

習ったことを再確認する

前述のように、この時期から新しい勉強を始めるのは得策ではありません。それよりも、自分がこれまで習ってきたこと、教わってきたことが、使えるようになっているかを確認していくことが大切です。

たとえば、「つまり」「要するに」のあとにくる、さきに述べたことを抽象化した内容を把握できているか、逆説の接続詞のうしろにある主張を読み取れているか、など、授業で教わってきたことが身についているかどうかを再確認していくのです。そのとき、頭のなかだけでなく、きちんと書き残しながら確認していくと、より効果があるでしょう。

算数

簡単なミスを減らす

算数で起きるミスの代表例は、問題文の読みちがいと計算まちがいです。ミスはゼロにできなくても、減らす工夫をするかしないかでは、大きなちがいがでてきます。

問題文の読みちがいは、「音読（入試では小声で）」「細切れに読む」ことが有効です。問題文を区切りながら読み、そこから読み取れることを確認して（ときには図や表に書きだし）、情報を整理します。

塾の先生に隣でチェックしてもらうのが理想ですが、むずかしい場合は、保護者のかたがチェックしてあげてください。その際、まちがいを感情的に指摘するのは避け、まちがったポイントをそっとしめしてあげる程度にしましょう。

計算まちがいをよくしてしまう人は、途中式の書き方に細心の注意を払ってみてください。式を余白にばらばらに書いていませんか？　そうではなく、縦に整理して書くようにすればミスも減らせるはずです。

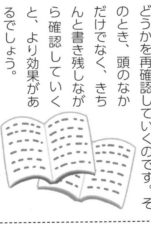

苦手分野は捨てる勇気を

過去問演習などでは、どうしても解けない、苦手な分野にばかり目がいきがちですが、入試は満点でなければ合格できないわけではありません。これは当然のようで、意外に忘れてしまいがちなことです。

ですから冬休み以降は、取れるところを確実に取ればいい、というおおらかな気持ちで勉強に取り組みましょう。たとえば、立体図形（とくに切断や回転）・規則性などの分野が現時点で苦手だと、克服が間にあわないこともあります。

その場合、そこに貴重な時間と労力をつぎこんでも、非効率どころか、自信をなくしてしまいかねません。それよりは思いきってそれらを捨て、自分の得意な問題に注力し、確実に得点を重ねるようにしましょう。

社会

「まとまり」で覚える

社会の入試問題は、暗記していれば解答できる単純な問題もある一方、さまざまなことがらの関連性を理解していないと答えられないような問題もあります。できごとや制度、人物名などを覚えるために一問一答式の問題ばかりに取り組んでいると、そうした問題でつまずいてしまいますから、知識は「まとまり」として覚えるようにしましょう。

たとえば地理分野なら、地形や気候と産業や暮らしのつながりを白地図にまとめる、歴史分野なら、時代背景・原因→きっかけ→できごと→影響、という流れをストーリーとしてまとめる、公民分野なら、制度や仕組みと日常生活や時事的ことがらを結びつけてまとめる、といった勉強法をおすすめします。

記述は無理に書きすぎない

近年、社会でも増えてきている記述問題の対策としていちばん大切なのは、無理に解答を長く書きすぎないようにすることです。せっかく途中まで正しい内容でも、無理に長く書いた結果、誤った内容が解答に含まれてしまう可能性があります。

問題文をていねいに読み、解答で求められているのは「理由」なのか、「影響」なのか、「関係」なのか…最終的になにを答えればいいのかを正しく把握しましょう。自分の解答はかならず読み返し、主述の関係に誤りがないかなど、日本語として正しいかもよく確認してください。

そして、時事問題にかんする出題もありますから、この1年で話題になったおもなニュースについて、そのニュースの背景、影響などを、短い文章でまとめる練習をしておくと入試に役立つでしょう。

宇宙飛行士の金井宣茂さんが宇宙より帰還、史上初の米朝首脳会談開催、「18歳成人」改正民法成立、「長崎と天草地方の潜伏キリシタン関連遺産」が世界遺産に登録、相次ぐ豪雨や台風など、ニュースとつながりを持つキーワードがあげられるだけでも、大きな力になります。さらに、ニュースで地名がでてきたら、地図で場所を確認すること、意味のわからない用語を目にしたら調べることも習慣づけておくといいでしょう。

理科

基本知識を確実に

理科はほとんどの場合、物理・化学・生物・地学の各分野から幅広く出題されます。そのため、手も足もでないようなとても苦手な分野があると、ほかの分野でカバーするのはむずかしいかもしれません。

そのような分野があるかたは、せめて少しでも得点できるように、もう一度、基本的な知識を確実に身につけていきましょう。ここでも、あれもこれもとよくばらず、確実に理解しているという知識を増やしていくことが大切です。

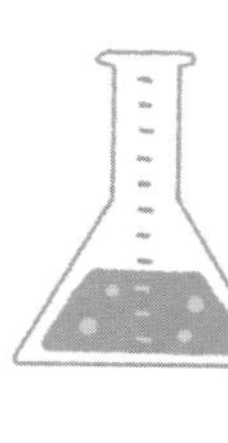

再見でも油断は禁物

受験勉強中に、同じような内容の実験に何度もであったのではないでしょうか。以前見たことがあるとつい油断してしまいますが、たとえ何度見たことがあっても、以前の記憶に頼らず、実験の内容や意味についての理解を深め、知識を確実に定着させていってください。

反対に、生物の名前など、現段階で初めて目にしたことがらや、これから覚えないといけないものがあった場合、いまから覚えなくてもいいかもしれません。

そして、時事問題対策は、社会同様、できごとといっしょに関連することがらも確認することがポイントです。とくに、自然災害や天体などにかかわるニュースにはアンテナをはっておきたいものです。

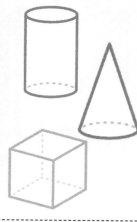

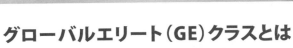

公立中高一貫校

親子で走りぬこう!

受検直前対策

「適正検査」を乗り越えよう！

公立中高一貫校の適性検査は、けっしてやさしいものではありません。おとなでも面食らう角度からの出題がなされ子どもたちを悩ませます。しかし、ここまでがんばってきたみなさんは、そんな問題にも果敢にチャレンジできることでしょう。そんな適性検査の日が近づけば近づくほど、ご家族みんながにっこり笑って「大丈夫！」と言える余裕を持つことが大切です。ここではまず、適性検査までの過ごし方を考えてみます。

検査で試されることは学校によってさまざま

いよいよ、入試本番が近づいてきました。

首都圏の公立中高一貫校の入試日程ですが、早い順に並べると、千葉県は12月8日、埼玉県やさいたま市では1月12、13日に「入学者選抜（一般枠）の検査（一次）」を行います。さいたま市では、来春開校の**さいたま市立大宮国際中**が初めての入学者選抜を行います。

同じさいたま市立の**市立浦和中**は1月12日に、大宮国際中は同13日に一次検査を行うため、両校に願書をだすことができます。ふたつの公立中に願書をだせるケースは、少なくとも首都圏では初めてのことですが、両方の一次検査に合格した場合は、二次検査はどちらかしか受検できません。

東京都、神奈川県は、2月3日に検査（一般枠）を行います。

事前に提出する報告書（調査書）や志願理由書は点数化されたり、面接の資料となります。

入試当日の検査では、おもに適性検査と面接が行われます。

東京都の一般枠の検査に面接はありませんが、特別枠の検査（**小石川中**、**白鷗高附属中**）では面接が行われます。

なお、作文の力は、東京都10校の一般枠のほか、他県の公立中高一貫校の検査でも、適性検査のなかに記述の形式で含まれて試されます。なかでも**埼玉県立伊奈学園中**の一次は「作文」と特筆されています。

東京都では適性検査Ⅰで読解力が試され、解答欄では６００字記述を要求される学校もあるなど、量の多い作文が課されます。

また、千葉県立の2校では「二次の二」の検査で、放送された文章を聞き取り、要約などを行って作文で答えるという出題があります。

面接は、東京都立の特別枠のほか、**川崎市立川崎高附属中**、**千葉市立稲毛高附属中**、千葉県立2校の二次、伊奈学園中の二次、さいたま市立の浦和中、大宮国際中の二次で行われます。大宮国際中の一般・一次ではリスニングを含む英語の問題がだされます。

このほか、神奈川県立の2校では、適性検査のひとつとして、「グループ活動による検査」も行われています。これは、集団面接の目的を含みながら、8人程度のグループが課題解決に向けて作業するなかで、協調性やコミュニケーション能力、リーダーシップ力などをみます。

前述のさいたま市立大宮国際中では、一般・二次で12人程度、30分で集団活動の検査を実施することが発表されています。こちらもコミュニケーション能力やリーダー性などをみる内容ですが、英語でのやりとりのなかで検査されます。

　では、これらの検査に備え、いまから準備できることを考えてみます。

取り組みたい ふたつのポイント

　公立中高一貫校の受検が迫ってきたいま、保護者のみなさんが取り組まねばならないこと、それは大きく分けてふたつあります。

【表1】2018年度都立中高一貫校の独自問題採用一覧

学校名	適性検査Ⅰ	適性検査Ⅱ	適性検査Ⅲ
桜修館中	独自	独自（一部）	…
大泉中	共通	共通	独自
小石川中	共通	独自（一部）	独自
立川国際中	独自	共通	…
白鷗中	独自	共通	独自（30分）
富士中	共通	共通	独自（30分）
三鷹中	独自	独自（一部）	…
南多摩中	独自	共通	…
武蔵中	共通	独自（一部）	独自
両国中	独自	共通	独自（30分）

　ひとつは受検生によりそって、過去問の出来の精査など学習面の総まとめと体調管理、もうひとつは入学願書提出の準備です。顔写真は撮影日指定期間に注意しながら、日程に余裕があるうちにすませましょう。

学習面の注意事項

適性検査対策

受検校の検査の傾向を知ることが最大の攻略法

　適性検査に対する準備として、この時期に入ったら、勉強の中心は「過去問攻略」となります。

　同じ公立中高一貫校といっても、その適性検査問題には各校それぞれに特徴があります。

　いまでも志望校にまだ迷いがあるご家庭もあるかもしれません。しかし、過去問に取り組む時期がきています。

　有効に過去問に取り組むためにも志望校をしぼりこんでください。

　各校における過去の適性検査問題は、それぞれのホームページで公表されていますので、まずはダウンロードしてみましょう。

　千葉県立の2校については、過去の適性検査は学校HPには掲載されていませんので、進学塾に相談してみましょう。

　また、作文の課題文が著作権問題をクリアするために隠されている場合があります。これも進学塾に相談して、実際にはどんな文章が掲載されていたのかを知っておきましょう。

　東京都立の10校では、2015年度（平成27年度）から、共同作成問題（同10校による）を柱として、一定の割合で各校の独自問題が含まれる形式となりました。

　各校の独自問題については、これまでの各校の過去問が参考になります。共同作成問題も数年ぶんを見ることができます。

　上の**【表1】**は、2018年度（平成30年度）の東京都立中高一貫校各校が、どの問題に独自問題を課したかをしめしたものです。

　来春については、各校が10月中に募集要項を公表し、そのなかで独自問題の出題について言及される予定ですが、本誌の締め切り（10月20日）まではでそろいませんでした。

　おそらくは2018年度と同様と思われますが、適性検査のうち、どの大問が独自問題なのか、共同作成

直前学習のヒント

◉漢字の読み書き

　入試が近づいても、毎日取り組んでほしいのが漢字の読み書きです。朝、起きて脳が目覚める手助けをするつもりで、短い時間でもいいので、繰り返し意味を考えながら読み、筆順を確認しながら書く練習をしましょう。

　書くときは、ていねいに書きましょう。作文での誤字はマイナスとなります。

　漢字は、私立中学校の入試のようにむずかしいものは出題されません。でてくるのは「小学校配当漢字」だけです。

　ただ、公立中高一貫校の適性検査では、漢字を読んだり書いたりできるだけでは不足です。

　その漢字の持つ意味からくる熟語がイメージできてほしいのです。「中」は大中小の意味だけでなく、「中毒」の「中」には「あたる」の意味があり、「的中」の「中」と同じ意味だと反応したいということです。

　また、漢字から地名や歴史的な人物、事件も浮かんでほしいところです。その意味でも受験校近隣の地名は把握しておきましょう。

問題なのかは、まもなく公表されますので、各校のホームページで確認しましょう。

なお、2018年度から白鷗高附属中が、適性検査Ⅲ（独自問題30分）を実施しています。

【表1】で、試験時間が記されていない問題は、すべて45分で検査されます。

また、【表1】の適性検査Ⅱで「独自（一部）」とされている部分は、**桜修館中**は大問①が、小石川中は大問②が、**三鷹中**は大問①が、**武蔵高附属中**は大問②が独自問題でした。

東京都の出題で、どの問題が共同作成問題なのかを調べる方法は、**【表1】**を参考にしながら、2校以上のHPで同じ問題がでていれば、それが共同作成問題です。

さて過去問は、ダウンロードして印刷、それをお子さまに手渡して終わりではなく保護者がまずよく見て、検討、分析しましょう。

公立中高一貫校の適性検査は、国語、算数、社会、理科を横断的にまとめた融合問題です。表、グラフ、写真などから読み取る内容や、問題文から条件を見抜く力も試されます。

国語では出題に対して作文で解答する大問があります。過去問で「なにを答えさせようとしているのか」、その傾向や、作文の字数を確認しておきましょう。

これからの時間はアッという間に進んでいきます。入試前1カ月を過ぎ、直前期に入ったら、過去問をすべてやりなおす時間はありません。

すべてを解きなおすのは無理なのですから、「解答として求められていることはなにか」を考える習慣をつけましょう。

その解答を得るための条件はなにとなにかについて、親子でいっしょに考えながら、過去問に目をとおしていきましょう。

このページの下欄に、この時期からの学習のヒントをしめしておきましたので参考にしてください。

また、36〜37ページの下欄には、直前期に親が注意すべきことを時系列にまとめておきました。

作文対策

何字以内の作文で 何分で書けばよいのか

これまでにも、作文の練習はして

◉計算練習

計算の練習も毎日取り組んでほしいことのひとつです。

公立中高一貫校の適性検査では、単純な1行問題はでてきませんし、「つるかめ算」「旅人算」などが使えるかどうかは試されません。

過去問を見ていると、正しい答えをだすことよりも、答えにたどりつく、その道すじを大事にしていることがよくわかります。

社会や理科と融合させ、表やグラフから読み取った数字を割り算して、%にして比較したりもします。環境問題や農作物の地域比較などからも出題されるため大きな数字同士や、小数同士の計算も必要になります。

きていると思います。

直前期になると弱点の補強はなかなかできません。しかし、作文は書けば書くほど力がつきます。

作文だけのために多くの時間は取れませんが、新聞記事には、毎日、目をとおすようにしましょう。読解の練習にもなりますし、社会の知識は欠かせないものだからです。

そして、週に1~2回は、新聞に掲載されているコラムや社説、記事を選び、字数を決めて要約したり、要旨をまとめる練習をしましょう。さらに、その記事で自分が感じたことも短くまとめる練習もしましょう。

公立中高一貫校の作文は、400~600字前後の字数を求められますが、字数は各校で異なります。

前述したように、受検校の過去問で、求められる字数を確認し、その字数で練習するようにします。字数については読点、句点も1字ですが、いちばん上のマスに読点、句点がきた場合などはどうするのかも、各校の過去問の注意事項を見て確認しておきましょう。

また、時間配分も大切です。読解する時間、考える時間、ていねいに書く時間、見直す時間を割りふって練習します。

書きっぱなしではなく点検することが大切

これからの直前期には、練習した作文のすべてを進学塾の先生が点検する時間はなくなってきます。

見ていただけたとしても、「すぐに」とはいかないでしょう。

点検が作文時点から時間が経ってしまい、子どもが書いたときのことを忘れてしまっていては、あまり意味がありません。

そこで、日々の作文練習は親が目をとおすことが必要になります。

では、どのようなことをポイントにして、作文を点検したらよいのでしょうか。

作文問題のほとんどは、まず課題文がしめされ、それを要約したり、作者が言いたいことをまとめたりする出題となります。

課題の長文が2題しめされ、共通した主張をまとめて作文することを求められる学校もあります。さらに、課題文から自分の考えを導いて書く、というものもあります。

ですから、作文を点検するときには、まず、課題文の内容をふまえて書いてあるかどうかをみます。

課題文に対して、自分が感じたことや、自分の考えを書く問題に対しては、自らの体験を盛りこんで意見を書くようにすると字数を達成できるようになります。志望校の過去問が、このようなタイプの作文なら、新聞のコラムは要約するだけでなく、そのコラムに対して自分ならどうするか、どう思うか、よく似た体験はなかったか、ということを考えながら作文をするようにし、自分の意見をかならず入れるようにします。

また、段落の設け方にも目を向けましょう。まったく段落のない文章はいただけません。話の区切りでは段落を分けるようにします。最低でも、自分の意見や主張、結論の前には段落が必要です。たとえば「三段落に分けて」など、分け方を指定される学校もあります。

この時期なら「で・ある調」と「です・ます調」の混在はなくなっていると思いますが、まだ、まざっているようなら、注意不足に尽きますので、書きあがったあとの見直し時間での注意を徹底させます。

受検生自身は、自分の書いた文章を振り返り、見直すのは苦手なものです。「面倒くさい」と感じるのも理解できるところでしょうが、そのことが合格につながることを自覚させましょう。

「ら抜き言葉」などもよく点検してください。また、最近の子どもたちは日常で「ちがって」というべきところを、「ちがくて」や「ちがうくて」と発音することが多くなっています。それをそのまま文章でも使ってしまうことがありますので、見逃さないようにしましょう。

作文は、その内容、言いたいことが読み手に伝わらなければ意味がありません。お父さま、お母さまが「これじゃわからないなぁ」という場合は、なにを言いたいのかを言葉で説明させて「それなら、ここをこう工夫したら、お父さんにも伝わるよ」と肯定感を持たせながら、「伝わる喜び」を重ねていきましょう。

面接対策

私立校よりも重視される公立中高一貫校の面接

面接については、55ページからの項で詳しくあつかっていますので、ここでは、公立中高一貫校での面接特有の部分についてお話しします。

首都圏の公立中高一貫校の面接は、東京都の一般枠と神奈川県では行われません。

それ以外の学校では多く実施されています。実施校については、冒頭の31ページで触れています。

面接形式は個人面接と集団面接があり、学校によってちがいます。

保護者にも面接をする学校は、公立中高一貫校にはありません。

個人面接はひとり5分ほどです。集団面接は5〜8人ぐらいで行われ、時間も20〜30分と学校によって長さがちがいます。当然ですが、面接重視の学校が時間をかけています。

集団面接といっても、一人ひとりが答えていく形式で、個人面接の生徒交代時間の短縮にねらいがあるようです。他の受検生が応答しているときの態度も見られますので、他の受検生の応答にも注目するようにしましょう。

集団面接では、面接官がつぎつぎと受検生に質問していきます。個々が答える時間は1分にも満たないことが多いので、結論をさきに言うようにしましょう。理由などを述べているうちに、つぎの受検生への質問に移ってしまい、結論を言えずに終えるのでは残念です。

個々への質問は1度だけではありません。「それはなぜ」と再度質問されたり、しばらくあとに再度質問されたりします。

座っている順番に沿ってあてられるともかぎりません。他の受検生への質問もいっしょに考えるようにしていれば、急に呼びかけられてもあわてずにいられます。

なお、**千葉県立東葛飾中**では、集団面接のなかに「プレゼンテーション的な内容を含む」とされています。5人で15分程度といいますから、ひとりの持ち時間は長くはありません。

プレゼンテーションという言葉が気になりますが、たとえば、画用紙に、課題に対する自分の答えを書いたあと、それを見せながら、自分の考えを説明するといった方法です。

伝えたいことがらをしめし、相手に的確に理解・納得させる力を試しているものと思われます。

私立の中高一貫校では、面接が合否に影響することはほとんどありませんが、公立中高一貫校では面接を重視している学校が多くあります。

考えておきたい 志望動機や将来の自分

この時期から、面接に備えるには、どの学校でも聞かれる質問について、考えておくといいでしょう。

志望動機、将来の希望、学校生活への期待、どんな学校生活を送りたいか、などは個人面接ならかならずといっていいほど質問がでます。集団面接でもだれかが聞かれることの定番といっていいでしょう。

このほかでは、自分の長所、将来の夢、小学校でがんばってきたことなどをたずねられます。

もうひとつ大切なことは、「この学校で学びたい」という意識を強く持つことです。

受検校の特徴や教育内容を、親子でよく話しあい、頭に入れておきましょう。

学校は意欲のある生徒を求めているのですから、学校の教育内容や特徴に沿って、入学後にはこんな学校生活を送りたいというところに結びつけていけば、答えを用意していなかった質問に対しても答えることができるでしょう。

質問に対しては、まず「ハイッ」と返事をしておけば、少し考える時間は与えてくれます。ゆっくりとした口調でかまわないので、ハキハキと自分の言葉で答えましょう。

とくに注意したいのは、他の受検生の受け答えに対して、必要以上に反応しないことです。自分と比べる必要もありませんし、まして、焦ったり、臆することもありません。

じょうずに答える必要はなく、ありのままの自分を見てもらえばいいのです。面接の答えには正解というものはありません。それよりも、あなたの態度が見られているのです。

生活面の注意事項

脳を朝型に転換

無理は禁物だが 早起きを習慣にしよう

直前の時期における生活面についてもお話ししましょう。まず大事なことは、ほかの項でも触れていますが「朝型への転換」です。

公立中高一貫校の検査は、8時半集合、9時開始という場合がほとんどです。

では、何時に起床すればいいのでしょうか。人間の脳が活発に働き始めるのは起床後3時間からと言われています。ですから、受検時には6時ごろには起床する生活を日常化できていなければなりません。

塾に通っているお子さまの場合は、身体が夜型になっていますので、いまから、徐々に早く起きる習慣を身につけていきましょう。無理をすることはありませんが、直前になって急に朝型に切り換えようとすれば、当然、心身に無理が生じます。「いまから徐々に」を心がけましょう。

親子の会話を

話す機会を多くして思考力・表現力を培う

おとなと話をする機会が多い子どもは語彙《ごい》が増えることがわかっています。それにともなって表現力が増し、当然のように思考力を養うことになります。

最も身近な存在であるおとな、つまり親がいつも楽しく会話をすることが大切なのです。入試が近づいたいまこそ、笑顔の会話が必要です。

まずは健康を維持

忘れずに予防接種を 虫歯の治療、検眼も早めに

インフルエンザの予防接種も忘れてはなりません。詳しくは62ページからのコーナーであつかっていますが、卵アレルギーがあるなどの問題がなければ、ぜひ受けておきましょう。

インフルエンザの効果は、2週間後から効果がでてきますので、東京、神奈川なら1回目を11月に、2回目を12月に受け、千葉、埼玉はもう少し早めがよいでしょう。

もちろん、お子さまだけではなくご家族も接種すべきです。入試の日、同伴すべきご両親が寝こんでしまっては、安心して試験にのぞめませんし、ご兄妹が罹患した場合も同様です。

虫歯の治療などもいまのうちにすませておいた方が無難です。当日が歯痛ではおおいなるマイナスです。

受験勉強で近視の度が進んでいる場合も考えられますので、念のため受診して検眼し、もしものときはめがねも新調しましょう。

安心につながる早めの行動 その日までにする準備とは

首都圏の公立中高一貫校では、12月、1月に出願が始まります。

出願のために必要なものをそろえるのは親の役目です。早めの準備が安心につながり、家庭内の余裕を生みだします。家庭内に余裕があれば、受検生はストレスを感じることなく、その日を迎えることができます。受検校の願書は早めに手に入れ、熟読し、内容をよく理解してから記入を始めます。そのほかに報告書（調査書）や志願理由書も用意しなければなりません。ここでは、公立中高一貫校入試の準備と合否のポイントについてもお話しします。

志望校の決定において見逃されがちな通学の便

さあ、いよいよ出願の準備が始まります。もちろん、志望校は決まっていますよね。私立の学校とちがっ

その日までのヒント

◉受検直前あと2カ月

漢字の読み書きや語句の練習は毎日、少しずつでも取り組みましょう。公立中高一貫校の適性検査では、小学校配当漢字の知識と、その漢字をどう使って表現できるかをはかろうとします。毎日漢字を読んで、書いて、考えることに重点をおききましょう。

また、計算力については、資料から読み取った数字を用いて、問題解決のために計算する力をはかります。四捨五入、切り上げ、切り捨て、百分率になおす作業などを、問いに応じて、毎日の計算に取り入れましょう。

◉受検直前の10日間

適性検査受検まで1週間あまりとなりました。この時期に親が心がけることの第一は子どもの体調管理です。早寝早起きを心がけ、朝の9時ごろには頭が働くようにしましょう。風邪予防も万全を期します。

さて、これからの10日間に行える適性検査の有効な対策は、「志望校・過去問の再点検」につきます。すでに1度はやっていると思いま

て公立中高一貫校は1校しか受けられません。それだけ厳しい入試だということができます（ただし、冒頭で述べましたが、さいたま市立の2校は一次のみ両校に出願できるという例外があります）。

志望校が決まっていたとして、意外と見逃されているのが「通学の便」です。

たとえば千葉県立の2校の学区は県内全域で、通学時間の制限もありませんが、千葉県はタテに長い土地柄で、学校側も「生徒の通学にともなう体力的、精神的な負担や6年間通うこと等を考慮し、志願するかどうかを判断してください」と呼びかけています。他都県の場合も、遠い学校に6年間通う負担は考慮されるべきでしょう。

また、川崎市立、千葉市立、さいたま市立の学校は、その市内在住者しか受けられませんが、**千代田区立九段中**は区内在住者だけでなく、都内在住者にも門戸が開かれています（※さいたま市立大宮国際中は、市外生に対し、資格審査を経て受検できる場合がある、と答えています）。

わかりにくいのが横浜市立の2校で、**横浜市立横浜サイエンスフロンティア中**は横浜市内在住者しか受けられませんが、**横浜市立南中**は市内在住者だけでなく、神奈川県内在住者が受けることができます。

これらのことも考慮して、最終的な志望校を決めてください。

出願書類について

入学願書

顔写真撮影の時期は各校で指定されている

公立学校の入学試験は、「入学者選抜」と呼ばれます。

公立中高一貫校の出願にあたっては、「入学願書」「報告書（調査書）」と、一部の学校では「志願理由書」が必要です。これらの書類様式は都県や学校によって異なります。なかには「応募資格審査用紙」や小学校校長による「出願承認申請書」の提出を求められる学校もあります。

さて、入学願書の書き方の注意事項は、46ページからのコーナーでお伝えしている私立中高一貫校の「願書の書き方」に準じます。

願書に貼る写真について、首都圏の公立中高一貫校は4㎝×3㎝の大きさで、白黒、カラー、どちらでも可となっています。写真の裏に受検者氏名を書いておくのは当然となっていますが、東京都立の学校では所属小学校の名前も書きます。

写真は、願書と受検票のために2枚必要な学校がおもですが、願書のみに必要で1枚ですむ学校や、3枚必要な学校（千葉市立稲毛高附属中）もあります。なお、写真をいつ撮影するかですが、各校で指定されていますので、注意してください。「出願前3カ月以内」「2018年9月1日以降」「2018年12月1日以降」などさまざまです。

入学願書には、検定料の領収書を貼る欄がありますが、裏に写真を貼る願書の場合に見逃してしまうことがあるそうなので注意が必要です。

また、この領収書は受検先の都県、市、区独自の収入証紙のものです。国の収入印紙ではありません。

報告書

合否を分けるのは報告書と適性検査

入学者選抜の当日は、出願時に提出された書類の審査に加えて、「適性検査」「面接」「作文」などが実施され、それぞれが点数化され、換算の

すが、問題文の読み取りを重点に、再度やっておきましょう。

◉検査前日と検査当日

別項でも詳しく述べていますが、前日は受検票や筆記用具その他、持ちものの確認を本人にさせたうえで、親もかならず再確認しておきます。

そして、遅くとも22時には床につくようにしましょう。

当日の朝は、計算問題を2～3題、もしくは、漢字の書き取りを1ページ程度やって、脳を目覚めさせます。

適性検査は、多くの学校が8時半集合、9時開始ですが、再確認し、8時には学校に着くように余裕を持って家をでましょう。

保護者はいっしょに検査会場まで行きます。子どもだけで登校させることはやめましょう。雪が降ってくる場合や交通事故など、どんなアクシデントがあるかわかりません。子どもだけでは対処できないことも起こりえます。

家をでるとき、または試検会場に入るとき、「自分の持っている力を全部だし、思いきってやってくれば、それでいいんだよ」と、安心させる言葉をかけて送りだしましょう。

のちに、総合成績の結果で合否が判定されます。これらの実施項目は学校によって異なります。

学校によって換算の仕方はちがいますが、大きな比重を占めるのは32ページから述べた「適性検査」、そして「報告書」です。

報告書は小学校生活を映した鏡のようなもの

報告書は小学校の先生にお願いして書いていただくもので、小学校の成績が大きな要素を含んでいることがわかります。

互いに公立の学校ですから、公立小学校で、学習や行事、学校での活動にまじめに、真剣に取り組んでいた児童を取りたいというのは自然の流れでしょう。

ですから、ふだんの学校生活での学習と日常の行動に、前向きで真摯《しんし》な態度が必要だといえます。

報告書は、公立中高一貫校各校指定の用紙を使って、小学校の先生に書いてもらいます。東京都立の10校は共通です。

その内容は小学校の「学習の記録」で、おもに5～6年生（千代田区立九段中は4～6年生）の成績表を参考にして記されます。

小学校での基礎学力がしっかり身についているか、学校生活に一生懸命取り組んでいるかどうかが焦点となります。

中学校側の出願書類の提出期限は都県、市、区によってちがいます。志望校が決まったら、期限をよく確認し、早めにお願いして報告書を作成してもらいましょう。

近年、私立の中高一貫校では調査書を求めることはほぼなくなって小学校の先生の負担は減っていたのですが、公立中高一貫校を受検する児童が非常に多くなり、先生の負担は逆に大きくなっているとも言われます。ですから、余裕を持ってお願いし、ゆっくりと書いていただく方がいいことはまちがいありません。

都県によって報告書の様式は異なるとしても、その内容はほぼ共通といっていいものです。

記入欄のおもな項目は「各教科の学習の記録」「総合的な学習の時間の記録」「特別活動の記録」「行動の記録」「出欠の記録」「総合所見」などです。このうち、入学者選抜にとって合否に影響するポイントが高く、客観的に記されるのが「各教科の学習の記録」でしょう。他の項目は、合否に大きな影響を与えることはありません。

志願理由書

志願理由書は志願者本人が書く

「志願理由書」の提出は、すべての公立中高一貫校で採用されているわけではなく、たとえば東京都立中学では小石川中と白鷗高附属中の2校だけで必要です。

千代田区立九段中では「入学を希望する理由」と「小学校のときに、力を入れて取り組んできたことで、自分が特に述べておきたいこと」を記入する「志願者カード」があります。2項目だけですから、記入欄が他校より広く設けられており、記入する前になにを書くか、よく検討する必要があります。

千葉県立の千葉中と東葛飾中の「志願理由書」は、都立中学に似た様式ですが、その他の項目に「自己アピール欄」があります。

千葉市立稲毛高附属中の「志願理由書」には入学願書と受験票に貼付したものと同じ写真を貼る必要がありますので、前述しましたが、写真撮影の際に3枚用意することを忘れないようにしましょう。

さて、「志願理由書」を首都圏で採用している各校とも、志願者本人が記入することを求めています（鉛筆で可）。このような書類の記入は、小学生本人にとっては初めてという場合がほとんどでしょう。ですから、ここでは親もいっしょに書くのだ、という姿勢こそが大切です。

記入する内容についても「なぜこの学校を志望するのか」について、よく家族で話しあっておきましょう。

それだけに、早めの準備が必要です。余裕をもって対応しましょう。ていねいに、しっかりとした文字で書くことも望まれます。漢字は、正しくていねいに書きましょう。とくに小学校で習った漢字は送りがなも正しく送りましょう。

記入欄のスペースと、本人が書きたいことの文章量とが合わない場合がでてきますが、記入欄をはみだすことは避けましょう。逆に書くことが少ない場合ですが、記入欄に書く文字は、少なくとも9割以上は埋めたいところです。

その内容は、小学校でとくに力を入れてきたことについて、具体的に、どんなことをがんばったのかが伝わるように書きましょう。

なお、志願理由書の右上に「受検

番号」という欄が用意されている場合、ここは空欄のまま提出します。出願後、決まった受検番号を学校側が印字するスペースです。

また、記入まちがいや書き損じはどうしても起こります。願書や志願理由書はコピーを使った下書きも必要です。ほとんどの学校で、各校のホームページからダウンロードできるようになっていますので、それを下書きとして利用するのもいいでしょう。

出願書類は2通取得しておくことも大切です。もしものときには最初から書きなおすことができるからです。もし、何度も書きなおして、子どもの根気が途切れたと感じたら、日を改めた方がよい結果となります。

さて、この志願理由書が合否にどの程度影響するかですが、これはそれほど大きくはない、と言ってよいでしょう。志願理由書を求めている学校は、ほとんどが面接を行っている学校です。ですから、面接の際の「質問材料になる資料」というとらえ方が適切かと思われます。

出願

以上のような提出書類をそろえて、各校が指定する期間中に出願します。その方法も学校によってさまざまなので注意が必要です。提出書類が非常に多くなる学校もありますので、漏れのないようにします。

出願は、郵送のみという学校、窓口持参のみという学校、両方を認めている学校などさまざまです。締め切り時間は15時までと16時半までという学校があり、最終日は11時半までや正午までとなっています。

時間帯によって受け付け対象を変えて（居住地域、男女別など）、混雑を避けようとする学校もあります。

郵送についても封筒の大きさを定めている学校、簡易書留で配達日指定にしなければ認めていない学校もあります。

千葉県立中2校の出願は、２０１8年11月19日（月）から21日（水）まで、なるべく学校持参（15時まで）です。千葉市立稲毛高附属中は同12月10日（月）と11日（火）の両日、学校持参（16時半まで）。

伊奈学園中は同12月25日（火）16時半までと26日（水）の正午までの両日で、学校持参のみです。なお、前年まで、1日目の受付は受付時間が居住地によってちがっていましたが、２０１９年度はどの時間帯でも受け付けます。

さいたま市立浦和中は埼玉県立と同じ両日、学校持参ですが、25日は午前女子、午後男子で受付時間がちがいます。26日は前日に出願できなかった受検生が対象で、11時半までの受付です。

同市立の大宮国際中（一般選抜）も25、26日の両日受付ですが、持参先は市立大宮西高校です。なお、25日は午前が男子、午後が女子を受け付けます。市立浦和中と両校に出願できるため、午前・午後の受付対象が逆になっています。26日は浦和中同様、前日に出願できなかった受検生が対象で、11時半までの受付です。

東京都立10校の出願は、２０１９年1月10日（木）から16日（水）までの必着で、各校指定の郵便局に「郵便局留」で郵送することにより受け付けることとなっています。たとえば小石川中なら本郷郵便局局留、**富士高附属中**なら中野郵便局局留といったぐあいです。

千代田区立九段中については、同1月16日（水）と17日（木）の15時までに、九段校舎の窓口に持参です。

神奈川県立2校、川崎市立1校はいずれも、２０１９年1月8日（火）から同月10日（木）までで、志望校に簡易書留で送ります。

横浜市立2校は1日ずれて9日（水）から11日（金）まで。いずれも消印有効での郵送受付です。

なお、窓口持参で、不備が指摘された場合、その場で訂正することになりますので、かならず印鑑（あれば訂正印）を持参してください。

合格発表

高い倍率の公立中高一貫校 うまくいかない場合も

合格発表の仕方も都県、市、区によってちがいがあります。「入学許可候補者内定」と呼び、入学確約書を提出して初めて「合格」と呼ぶ県もあります。

千葉県や埼玉県の学校では、一次で受かったあと、二次検査がありますので、タフさが必要です。

学校掲示を確認するために当日、小学校を休ませる、というかたがおられますが、高倍率の入試ですからうまくいかない場合もあります。発表はインターネットでも行われますから、画面で確認後、合格の場合に見に行く方法がいいと思います。

なお、合格の場合も期限までに手続きをしないと入学の権利を失いますので注意が必要です。

二人三脚で最後まで

万全の準備で受験生をサポートしよう

平山入試研究所 所長

小《こ》泉《いずみ》 浩《ひろ》明《あき》

東京都生まれ。慶應義塾大学卒業後、アメリカ Sul Ross州立大学MBAコース卒業（経営学修士取得）。大学受験予備校、個別指導塾の開校・経営を経て、現在は学習指導や教材の研究および教務コンサルタントに従事。

いよいよ入試本番が近づいてきました。受験生が志望校の合格を勝ちとるためには、保護者のサポートが必要不可欠です。平山入試研究所の小泉所長に、実際に見聞した例もまじえながら、これからの時期、受験生とその家族に、勉強面や生活面でどのようなことが起こりがちなのかをうかがいました。これを読めば、より受験生のようすに気を配り、最適な手助けができるようになることでしょう。

できるだけ情報を集め ありえそうな危険を避ける

いよいよ本番の入試が近づいてきました。上のお子さままで中学入試を経験したご家庭はまだしも、初めてとなると、なにかと不安になるものです。万全な状態でお子さまが入試にのぞめるように、できるだけ情報を集め、ありえそうな危険を避けるよう努めたいものです。そのためには、注意すべき事項を学習面、健康面、学校面などに分け、もれのないようにチェックリストや受験カレンダーなどを作成するといいでしょう。

たとえば、学習面においてこの時期にいちばん大切なことは、やるべきことをしぼるということです。つまり、志望校に頻出で、しかもお子さまが苦手としているところを優先的に勉強することが重要です。いろいろ手をだして、パニックにならないように注意しましょう。

健康面では、インフルエンザなどの肉体的な面だけではなく、精神的な面への注意も必要です。適度な緊張を保ち、実力のピークを試験日に持っていくのが理想です。

学校面においては、第一志望校や併願校をしっかり決め、それに沿って計画を立てることです。最近は、同日同時刻にふたつの学校の受験を申しこんでおき、すでに受験した学校の合否によって、当日の受験校を決めるかたも少なくありません。

さらに、午前、午後受験が加わればより複雑になります。そのような場合は、どうなったときどうするかという受験カレンダーの作成（77ページに関連記事）が必須となります。

しかし、準備したはずなのに、失敗してしまうことはあります。今回は実際にあったケースをあげながら、対策を含めて考えていきましょう。

check 1

学習面は「焦らず、たゆまず」「科目間バランス」

この時期の学習で最も大切なのは、「焦らず、たゆまず」と「科目間バランス」です。そして、コンディションを保ちながら、本番の入試時にピークを持っていくのが理想的なのですが、これがなかなかむずかしい。

たとえば、12月の段階ですでに志望校の合格最低点を超えている場合は、気も緩みがちになり、「落ちる気がしない」という雰囲気になるものです。そうなると、勉強にも緩みがでてきます。もちろん受験生ですから勉強はしますが、問題はその中身。1時間、1日を大切にした勉強とは言えないものになりがちです。

佐藤くん（仮名）の場合もまさにその状態に陥りました。年末までかなり調子がよかったのに、年が明けてからどうも調子が悪くなりました。そして、1月中旬に受けた試し受験校がまさかの不合格。

さっそく、ようすを聞いてみると、算数で失敗したとのこと。さらに詳しく聞いてみると、年末年始、つい気が緩んで2、3日算数の問題をあまり解かなかったようでした（ほんとうは「まったく？」しかも「もう少し長い期間」かもしれません…）。

そして、年明けに算数を解き始めたときは、なぜか調子が悪い。以前は解法がすぐに閃《ひらめ》いたのに、なかなか解けなくなっていたそうです。もちろん焦って勉強しましたが、調子がでないまま1月入試に突入して結果は不合格。このままでは第一志望も危うくなりますので、それから2週間かけて算数を立て直させ、どうにか本番には間に合いました。

このように算数は、勉強をつづけていないと、解く感覚が急激ににぶります。「下りのエスカレーターを上がっているようなもの」と言えます。

つまり、上がるのをやめると（勉強をやめると）、確実に下がっていく（解き方のコツを忘れてしまう）のです。もちろん、勉強すればまた調子が戻りますが、入試本番に間に合うかどうかが問題です。

そして、この時期は社会・理科の追いこみ時期でもあります。これらの科目に力を入れ過ぎて、つい国語や算数がおろそかになりがちです。科目間バランスに注意して、全体的に得点力をあげていくことがこの時期の重要なポイントと言えるでしょう。

check 2

前日は「ふつうに過ごす」当日への準備は余裕をもって

受験前日の過ごし方としては、やはり「ふつうに過ごす」のがポイントです。軽く勉強して、明日の試験の準備をし、食事もごくふつうにして、少し早めに寝るといったところでしょう。

しかし、ふつうでもトラブルになる場合はあるようです。

仮に美紀ちゃんとしましょう。いよいよ試験前日ということで、お母さまはごくふつうの夕飯をつくりました。しかし、そのなかにイカのお刺身が入っていたそうです。美紀ちゃんはお刺身が大好きで、パクパクと食べてしまう。お母さまは「生ものだから」と注意して、途中でやめさせました。

そして、その翌朝、美紀ちゃんはお腹が痛いといって起きてきました。トイレに行き、薬を飲んで、しぶるお腹を抱え、とにかく試験会場にでかけていきました。試験を受ける環境は最悪で、試験中に3回、トイレに駆けこんだそうです。それでも、試験の結果は合格でした。

美紀ちゃんの場合、結果オーライでしたが、なぜお腹が痛くなったのか？ それは明らかにイカのせいでしょう。ふだんより食べる量を控えたということですが、やはり消化があまりよくない食べものであり、また、本人が緊張していたため、さらに消化が進まなかったのだと思います。食事に関しては、ふつうではなく、もう一段注意すべきでしょう。

これは、ほかの人の当日の失敗談です。いくつかのミスが重なり遅れぎみのところ、お母さまが最後に降りるべき駅のひとつ前で降りてしまったのです。その学校は第1志望ではなかったものの、1回は下見しているはずだったのですが…。こんなときは、決断力の有無が問われます。お母さまはタクシーで学校をめざしたようです。結局、何分か遅れて到着して、試験は無事に受けられました。しかし、大変な1日だったことは確かだと思います。親子ともども、緊張からの信じられないようなミスには気をつけてください。

こうしたことのないように、保護者は前日から、すべてに余裕をもって準備する必要があるでしょう。また、思いがけない出費もありえるので、お金も少し余分に持っていくべきだと思います。

check 3

試験のあとこそ保護者のサポートが欠かせない

中学受験の目的は、志望校に合格することです。しかし、受験のプロといわれる人のなかには、それだけではないと言う人が少なくありません。「落ちたっていいじゃないか」などと言って、ひんしゅくを買う人さえいます。なぜでしょう。

それは、受験後の子どもたちのようす、数年後の状態を知っているからでしょう。

あまり努力もしないで、なんとなく第1志望に合格した子どもが、授業についていけずに途中で退学したケース。中学受験では涙を飲んだ子どもが、その後、大学受験や社会にでて見事にその悔しさを晴らしたケースなど。さまざまな例を知っているからです。

そしてつくづく感じるのは、中学受験で得られるものは、合格だけではなく、努力する大切さ、目標を達成するためのやり方。さらには、精一杯努力して合格できたという自信や成功体験、あるいは失敗体験。さらに、そこからなんとか立ち直れたという自信。こうした経験はなかなか得られるものではありません。その意味では、ご両親から受験が終わって少し経ったら、いろいろな話をしてあげてください。

話をするタイミングとしては、合格祝賀会、あるいはご苦労さん会？がいいと思います。お子さまの努力を評価するだけではなく、ご両親をはじめとしたまわりの人の努力や支援を再確認すべきでしょう。

残念ながら第1志望に合格できなかった場合は、中学受験だけが人生の勝負ではないこと（当たり前ですが…）、これからリベンジする機会は数多くあること、失敗経験は人を強くすることなど、実例を含めてお話しされるとよいでしょう。

もちろん、失敗を繰り返さないためにも、今回の失敗がどこにあったのかをじゅうぶんに精査し、認めさせることは大切です。

こうした改まった話を親子でするのはなんだか照れくさい気もしますが、ときには大切です。とくに中学校へ入学する時期は、子どもが急激におとなびてくる時期でもあります。お父さまやお母さまの人生体験を含めて、これからの人生のヒントとなるいろいろな話を、前途洋々のお子さまにしてあげましょう。中学受験後の儀式として、かならずやっておくべきことだと思います。

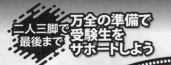

School Information

所在地
東京都江東区清澄2-3-15

アクセス
地下鉄半蔵門線・都営大江戸線
「清澄白河駅」徒歩3分

TEL
03-3642-8041

URL
https://www.nakamura.ed.jp/

中《なか》村《むら》中学校 女子校

これまでの取り組みを発展させた グローバルキャリアデザイン教育

「『伸びたい』を叶える6年間」を掲げ、伝統を守りつつさらなる進化を遂げる中村中学校の、社会貢献・社会創造を意識した「グローバルキャリアデザイン教育」についてご紹介します。

中村中学校（以下、中村）では、2018年（平成30年）の今年、創立109年を迎えるにあたり、「『伸びたい』を叶える6年間」というキャッチコピーを掲げました。「機に応じて活動できる生徒の育成」という建学の精神のもと、長年受け継いできた伝統をベースとしつつ、さまざまな新たな取り組みを導入することで、「中村という女子校でしかできない教育」を実践していきます。

今回はその一環として、2002年（平成14年）から行ってきた「キャリアデザイン教育」を進化させた「グローバルキャリアデザイン教育」について、永井哲明校長先生にご説明いただきます。

グローバルキャリア意識を学校全体へ広げていく

中村の「キャリアデザイン教育」は、「30歳からの自分」を見据えて人生をデザインする力を育むというものです。それぞれの生徒がイメージする「30歳からの自分」とじっくり向きあいながら、きめ細かな「進路指導」と「進学指導」で一人ひとりの夢を実現してきました。

キャリアコンサルタントの資格を持つ永井校長先生によると、そうしたキャリアデザイン教育によって、生徒は大学入学前に将来の方向性を定めることができるようになったと言います。

「自分の将来を考えたうえで、そのために学びたい学部・学科がある大学を選んでいるので、大学に入学してから『なにをやろう』ではなく、入学直後から自分の夢へ向けて探究していくことができます。そして、その『キャリアデザイン教育』にグローバルな視点をプラスしていこうというのが、『グローバルキャリアデザイン教育』です」（永井校長先生）

元々中村ではグローバルとローカルのふたつを兼ね備えた「グローカル」な視点を養う特色ある取り組みを行ってきました（下表参照）。それらはいままでどおり大切にしつつ、国際科（高校課程）で実施しているグローバルキャリアを意識した教育を学校全体に広げていきます。

永井校長先生は、「ただし、世界や地域に目を向ける前に、自分をしっかり見つめなおしてほしいと考えています。本校では『グローバル』とは、『地球を任されている』という意識を持つことだと考えています。自分と向きあったあと、周囲の人、地域、日本と段階を踏んでいき、最終的には地球へと視野を広げていってほしいのです。そのために、これまで以上に社会貢献・社会創造の意識を強化していきます。

そして、各学年でグローバルキャリアを育む教育を実践していくなかで、中学3年間では、だれもが国際科に進める力を身につけることもめざしていきます」と話されます。

国際科は1年間の留学が必須となります。そこでまず、中1の後期から英語の習熟度別授業を展開することで、一人ひとりに合ったペースで英語の力を伸ばしていきます。

中村では、スポーツ、芸術など、ある特定分野に秀でた受験生を対象にした「ポテンシャル入試」を実施

	グローバル	ローカル
1年	体育授業・部活動・行事にネイティブの先生が参加	深川めぐり 月島フィールドワーク 相撲部屋見学
2年	海外サマースクール 国内サマースクール （外国人を深川へ案内）	自然体験（田植え） 職場体験
3年	海外サマースクール	京都奈良修学旅行
4年	AUS語学研修 AUS短期研修 トビタテ！留学ジャパン	研修合宿 （世界文化遺産　富士山）
5年	〈国際科〉留学　1校1人1年間 ホームステイ　ジェンダー論文 〈普通科〉 トビタテ！留学ジャパン AUS語学研修　AUS短期研修	〈普通科〉 北海道修学旅行 （世界自然遺産　知床）
6年	TOEFL80点以上　英検準1級以上	

グローカルな視点が生まれる

中2・中3の希望者が参加できる「海外サマースクール」。訪問先はオーストラリアやアメリカで、ホームステイ、英語のレッスン、地元の小学校の訪問など、現地でのさまざまな経験が生徒を大きく成長させます。

「オーストラリア語学研修」は、普通科に在籍する高1・高2の希望者が参加できます。現地校に通い、「日本語」の授業で日本文化を紹介したりと、異文化交流をはかりながら、語学力の向上をめざします。

しています。学力試験は課さず、志願書や活動報告書、作文、面接などによって受験生のポテンシャルを判断して合否を決定します。また「グローバル入試」に合格して入学する生徒は英語に自信がある生徒ですから、習熟度別授業でその力を徹底的にきたえます。一方、一般入試などを経て入学した生徒には、基礎からていねいに指導を行います。

さらに、国際科に対する理解およびグローバルキャリア意識を高めるために、国際科に在籍する高校生が、中学生を含む下級生にキャリアガイダンスを実施します。たとえば、国際科を選択した理由や留学への抱負、帰国後の進路決定プロセスを話したり、留学中の、語学習得プログラムや進路希望に添った職業体験（博物館、幼稚園等）、芸術・スポーツ体験について話す…というように、下級生がつねにさきを見ることができる環境を整えています。

「身近な存在である先輩の言葉は、教員が話す言葉よりも受け入れやすいでしょう。飾りのない生の声で、プラスの話もマイナスの話も両方聞けるのもいいと思います。

もちろん、全員が国際科に進むわけではなく普通科に進む生徒も多くいますが、普通科に進んでも自分のキャリアをグローバルな視点でとらえることができるようになるはずです」と永井校長先生。

世界の人びとから信頼してもらえる人へ

そんな国際科では一昨年からテンプル大学ジャパンキャンパスの協力を得て「ジェンダー論文（英語）」という取り組みが始まっています。留学前にテーマを設定し、留学中に調査し、帰国後にまとめて発表します。

留学中、1カ月に1度提出するマンスリーレポートでは、授業やホームステイの感想などとともに、論文の進捗状況についても報告があります。レポートの内容については担当教員がコメントをつけて返却するため、きめ細かなアドバイスを受けながら調査を進めることができます。

「中村では一般、特待生、適性検査型、ポテンシャル、グローバル、帰国生という多様な入試を受けた生徒がクラスに混在し、学校自体がダイバーシティ（多様性）を持っています。授業、行事等で、それぞれの個性が融合する街が生まれます。学びに向かう力・人間性が『ダイバーCity中村』で伸びていくのです。

世界の人びととチームを組んで仕事をするとき、言葉でコミュニケーションをとること以上に、人と人とのつながりが大切になってくるのではないかと思います。たとえ言葉はカタコトでも、人間性は伝わります。仕事で成果をあげることも重要ですが、成果主義にこだわるばかりでは、チームとして協働していくことはむずかしいでしょう。本校の生徒には、結果もプロセスも大切にして、『これからもあの人といっしょに仕事がしたい』と思ってもらえるような地球市民に育ってほしいのです」（永井校長先生）

ぜひ説明会などに参加して、中村中学校の教育の魅力を感じてみてください。

学校説明会日程

保護者に会える学校説明会
12月24日（月振） 1月26日（土） 両日とも10：00～
夜の学校説明会
11月16日（金） 12月5日（水） 両日とも19：00～
オープンキャンパス
11月25日（日） 9：00～
授業体験＆ミニ説明会
12月15日（土） 9：30～
授業見学＆ミニ説明会
1月19日（土）10：00～
入試体験＆入試説明会
11月25日（日） 国語体験
12月15日（土） 算数体験
1月12日（土） 適性検査型入試
2月23日（土） 4・5年対象
9：30～（1月12日のみ13：00～）

余裕をもって用意しよう

入学願書はこれでバッチリ!

出願の際、かならず提出することになるのが「入学願書」です。
近年はインターネット出願が急速に広がっていることもあり、
出願方法や支払い方法などが複雑化しています。
ギリギリになってあわてることがないよう、余裕をもって準備しましょう。

Check 01 ▶準備するもの◀

筆記用具

学校が筆記用具を指定している場合はそれに従い、とくに指示がなければ、黒か青のボールペン、または万年筆で記入します。途中で切れてしまったときのために、替え芯やインクを用意しておきましょう。

写　真

学校ごとにサイズや撮影の指定が異なる場合があるので注意しましょう。また、実際に使用する予定よりも多い枚数を用意しておきます。

印鑑・朱肉

インク浸透印（スタンプ台が必要ない印鑑）ではなく、朱肉を使う印鑑を用意してください。記入ミスがあったときのために、訂正印用の小さな印鑑もあった方がいいでしょう。

願　書

受験を考えている学校の願書は早めに入手しておきましょう。第1、第2志望の学校だけでなく、オープンキャンパスなどに訪れた学校の願書も手に入れておくことで、入試結果による「駆けこみ受験」にも対応しやすくなります。

学校案内

入学願書に志望理由などを書きこむ際の参考にしましょう。くれぐれも他校のものと混同することがないように気をつけてください。とくに似た学校名の場合は注意が必要です。

Check 02 ▶記入の前に◀

コピーで予行演習を

実際に記入する前に、コピーしたもので練習しましょう。練習なしでいきなり記入してみると、誤字脱字以外にも、文字やスペースの間隔がおかしかったりすることもあります。予行演習を一度は行ってください。

募集要項の再確認も

入学願書は学校によって記入事項や形式などが異なります。そのため、書き始める前に再度募集要項を確認することが欠かせません。複数の学校の願書をまとめて記入するときは、とくに注意が必要です。

Check 03 ▶記入を始めよう◀

不明点はすぐに連絡を

入学願書を記入していくと、ときに不明点がでてくることもあります。そうした場合はすぐにその学校に問い合わせるようにしましょう。各校ともきちんと対応してくれるはずです。

文体は統一して書く

記入項目のなかで、志望動機など、文章量が多くなりがちな部分では、文体を統一することを意識しましょう。その際、「だ・である調」で書くと、やや硬く、高圧的な印象になるので、書き方には注意しましょう。

文字はていねいに書く

手書きで入学願書を書く学校の場合、文字の上手・下手が合否に直結するようなことはありません。ただし、読み手が読みにくい、読めないような文字になることがないよう、ていねいに書くことを心がけてください。

はみだし、余白がないように

志望動機の欄などでは、余白がでたり、はみだしたりしないよう、文字の大きさなどを考えて記入しましょう。欄中に線がなければ、鉛筆で薄く線を引くなどすると書きやすいでしょう。

ミスを防ぐためには

ミスがでやすいのは名前や住所など、ふだん書きなれているはずの項目です。集中して書くからこそ、気が緩みがちなところでミスがでるのでしょう。保護者で学校ごとに分担するなどして負担を減らしたいところです。

それでもミスしてしまったら

注意してもミスがでることはあります。その際は、まず募集要項で訂正方法が書いてあるか確認しましょう。指示があればそれに従い、ない場合は、まちがった部分に二重線を引き、訂正印を押します。

01 受験回

受験回ごとに願書の用紙がちがう場合や、受験科目を選択させる場合があるので、学校ごとによく確認しましょう。

02 志願者氏名・ふりがな

氏名は略字などは使わずに、戸籍上の漢字で記入しましょう。ふりがなは、「ふりがな」ならひらがなで、「フリガナ」ならカタカナで記入しましょう。ふりがなの書きもれにはくれぐれも注意しましょう。

03 生年月日

西暦での表記か、元号での表記か注意してください。

04 現住所

志願者本人が現在住んでいる住所を、番地や部屋番号まできちんと記入しましょう。調査書などのほかの書類と同じ住所にします。

05 写真

スピード写真やスナップ写真ではなく、専門店で撮影した証明写真を使用するようにしましょう。学校によって、サイズや撮影時期などの条件が異なりますので、確認して指定されたとおりにします。念のため、必要枚数よりも多めに準備しておきましょう。写真の裏に氏名と住所を書いておくと、万が一願書からはがれてしまっても安心です。また、眼鏡をかけて受験する場合は眼鏡をかけて撮影しましょう。

06 印鑑

押し忘れが多いので注意しましょう。印鑑は朱肉を使用するものを使います。印がかすれないよう、下に台紙などを敷いてからしっかりと押しましょう。

07 保護者の現住所

「志願者本人の住所と異なる場合のみ記入」と指示があれば、未記入でかまいません。指示がない場合は、「同上」と記入するか、再度記入しましょう。単身赴任等で住所が異なる場合はその旨を記入します。

08 緊急連絡先

受験中のトラブルはもちろん、補欠・追加合格など学校からの緊急連絡時に必要となりますので、確実に連絡が取れるところを書いておくのがポイントです。保護者の勤務先を記入する場合は、会社名・部署名・内線番号まで書いておくと親切でしょう。最近は、携帯電話でもかまわないという学校も増えています。その場合には所有者の氏名と続柄も記入しましょう。

09 家族構成

指示がなくても、本人を書く欄がなければ、本人以外の家族を記入するのが一般的です。書く順番は、父、母、兄、姉、弟、妹、祖父、祖母としますが、募集要項のなかに明記されている場合もありますので、指示に従ってください。名字は全員省略せずに書きましょう。また、家族の続柄は志願者本人から見た場合が一般的ですが、まれに保護者から見た続柄を書かせる学校もありますので確認が必要です。

10 志願理由

記入例Ａのようなアンケート形式や、ある程度の文章量で書かせるなど、学校によって異なります。

記入例A

入学願書

平成31年度
○○○○中学校

01 第1回入試用
（試験日2月1日）

受験番号 ※

入学志願者	ふりがな (02)	ごう かく た ろう
	氏名	合格 太郎
	生年月日 (03)	平成 18 年 5 月 19 日
	現住所 (04)	〒101－0000 東京都千代田区 ○○○ 2－5－2
	電話	03 － 0000 － 5944
	在籍小学校	東京都千代田区立○○ 小学校 平成 25 年 4 月 入学 東京都千代田区立○○ 小学校 平成 31 年 3 月 卒業見込

05 写真貼付
（縦5cm × 横4cm以内）
正面・上半身・脱帽
カラー・白黒いずれも可
裏面に氏名記入

			年齢	志願者との続柄
保護者	ふりがな	ごう かく すぐる		
	氏名	合格 優 印 (06)	45	父
	現住所 (07)	<志願者と異なる場合のみご記入ください>		
	自宅以外の緊急連絡先 (08)	父の勤務先 03 － 0000－1234 株式会社 ○○ 出版		

09

家族・同居人（本人は除く）	氏名	年齢	備考
保護者	合格 優	45	御校の卒業生です
母	合格 秀子	42	
妹	合格 桜	9	

10

志願理由
(教育方針)・(校風)・大学進学実績・制服・しつけ・施設環境 (家族に卒業生)／在校生がいる・その他（ ）

※この欄の記入は自由です。記入されても合否には一切関係ありません。

通っている塾の名前を記入してください。	
○○○○○○	

記入例B

志願者氏名	合格 のぞみ

11

12

校内活動	部活動	ミニ・バスケットボール部
	クラス・生徒会での役員名	学級委員（小4／小5） 児童会副会長（小6）
校外活動	出場・出品の大会名その成績	ミニ・バスケットボール K市大会準優勝（小5） 全国児童読書感想文コンクール入選（小6） 東京都下水道ポスターコンクール佳作（小5）
	学校生活以外の所属団体名および活動内容	「多摩川を守る会・少年少女部会」会員 地域のボランティアとして多摩川の自然を保持するために 流域の清掃活動などを定期的に行っています。
趣味・特技・資格		ピアノ演奏 漢字検定3級（小5時に取得）

13

志望理由	小学校5年生のときから、本人が御校学校説明会やオープンスクールなどに参加させていただきました。そうした折りに在校生のみなさんに接し、「ぜひ、この学校で勉強してみたい」という強い希望をいだくようになりました。両親としても、先生方のお話をお伺いする過程で御校の教育方針に共鳴し、ぜひ娘にこうした良好な教育環境のもとで中学高校時代を過ごさせてやりたいと念願しております（母記入）。

記入例C

14

平成31年度○○○○中学校入学願書

第1回入試用（試験日2月1日）

受験番号	

志願者	ふりがな	ごうかく たろう	
	氏名	合格 太郎	
	生年月日	平成 18 年 5 月 19 日	
	現住所	〒101－0000 東京都千代田区○○○ 2-4-2 TEL 03（0000）5944	
	在籍小学校	東京都千代田区立○○ 小学校 平成 31 年 3 月 卒業見込	
保護者	ふりがな	ごうかく すぐる	志願者との続柄
	氏名	合格 優 （印）	父
	現住所	<志願者と異なる場合のみご記入ください> TEL （ ）	
	自宅以外の連絡先	連絡先	氏名または勤務先（志願者との関係）
	TEL・携帯	03 －0000－1234	○○出版（父）
	TEL・携帯	090 －0000－5678	秀子（母）
	TEL・携帯	－ －	（ ）

写真貼付
（縦5cm × 横4cm以内）
正面・上半身・脱帽
カラー・白黒いずれも可
裏面に氏名記入

平成31年度

受験票

第1回入試用（試験日2月1日）

受験番号	
氏名	合格太郎

平成31年1月　日受付

入学試験時間割
1限 国語 8:45～ 9:35
2限 算数 9:50～10:40
3限 社会 10:55～11:35
4限 理科 11:50～12:30

受験上の注意
1. 試験当日この受験票をは必ず持参し、8時20分までに入室すること
2. 合格手続の際は、この受験票が必要が必要です。

○○○○中学校

11 校内活動

書ける範囲でかまわないので、できるだけ記入するようにしましょう。

12 校外活動

小1～小6まででで該当する活動があれば記入しましょう。

13 志願理由

文章は枠からはみださず、なるべく枠を満たすように書きましょう。学校の先生が目をとおすものなので、文体は「です・ます調」にします。入学したい熱意を学校に伝えるべく、学校の教育方針についての共感や、説明会などで学校に足を運んだ際に感じた率直な気持ちを綴《つづ》ってください。どう書けばいいかわからなくなってしまったときは、その学校のどのようなところがいいと感じたのか思いだしてみましょう。

14 切り取り

学校で受け付け処理がすんだら返却されます。絶対に自分で切り離さないようにしてください。

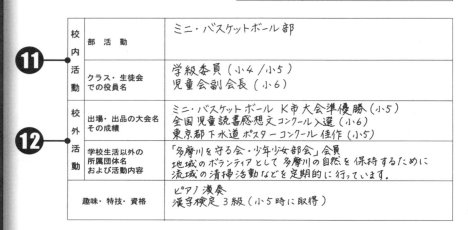

Check 04 ▶提出の前に◀

ダブルチェックをおこたらず

入学願書の記入後は、記入もれや捺印もれ、誤字脱字がないかのチェックを行ってください。その際、記入した人以外にも確認してもらうようにすることで、本人では見過ごしてしまいがちなミスに気づきやすくなります。

かならずコピーをとる

記入、確認が終わったら、コピーを忘れないように。そのまま提出してしまえば、どんなことをその学校の入学願書に書いたかがわからなくなってしまいます。面接にも必要ですから、かならずコピーをとりましょう。

保管は1校ずつしよう

記入、確認ずみの入学願書は、コピーやその他の書類とともにクリアファイルに入れて保管しましょう。混ざってしまわないように1校ずつ分けてファイリングし、校名を書くなどして、混同しないよう保管します。

Check 05 ▶出願しよう◀

準備がそろえば出願ですが、このタイミングこそ、最も注意が必要と言ってもいいでしょう。出願方法のちがいや日程を再度確認し、無事に出願を終えましょう。

窓口から

窓口からの出願の場合、とくに日時の確認が重要です。休日の取りあつかいや、平日でも受けつけてもらえる時間などをまちがえると受理してもらえないからです。ただ、窓口出願のメリットとしては、その場で入学願書の確認をしてもらえることにあります。記入もれなどに備えて筆記用具や印鑑を持参しましょう。注意点としては、ほかの学校名が書かれたクリアファイルや封筒に入れていかないようにしましょう。

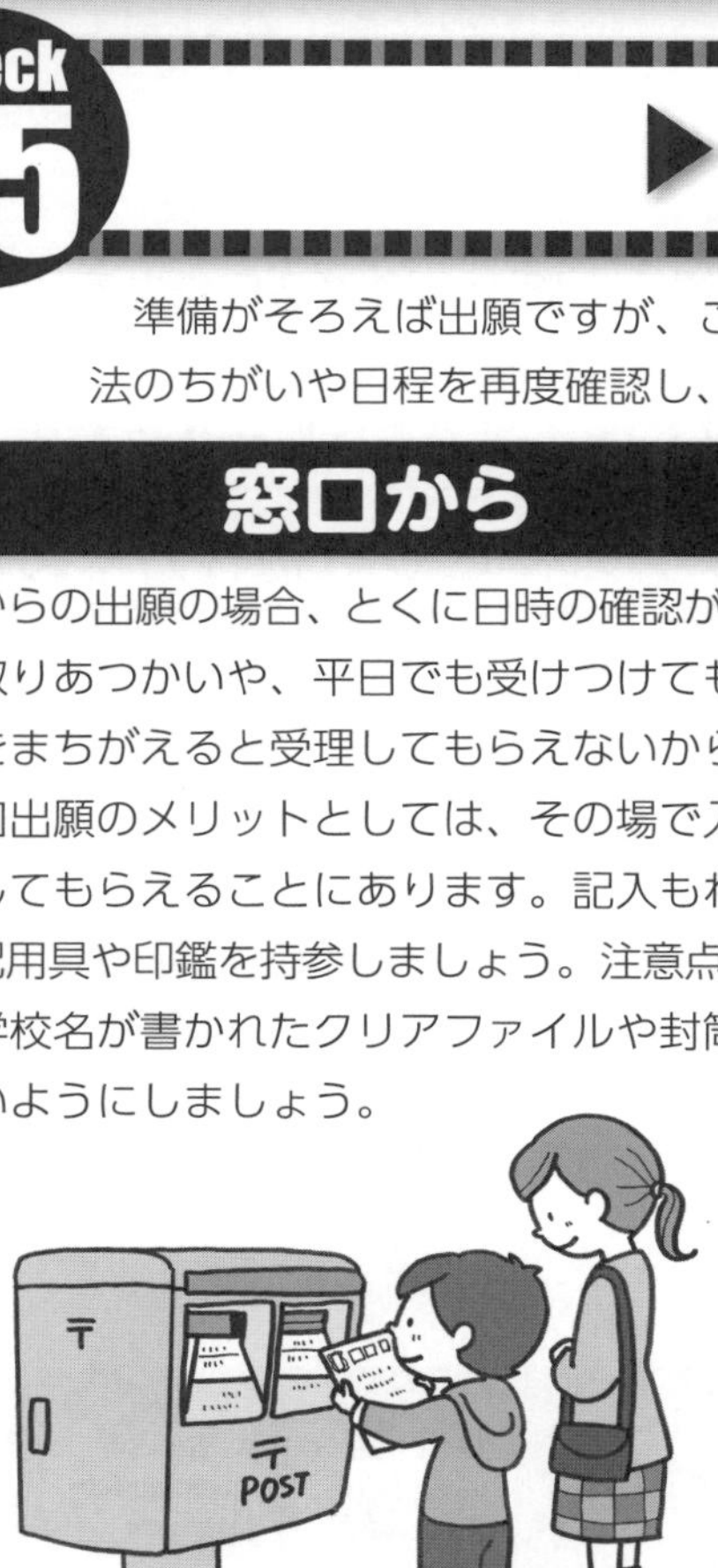

インターネットから

近年、インターネット（ネット）からの出願が大幅に増え、学校によってはネット出願のみ、というところもめずらしくなくなってきました。ネット出願はパソコンやスマホからでも出願ができ、時間の融通も効きやすいのが強みです。一方、ネットならではの名前のコピー&ペーストのミスなどもでやすいことや、出願後、別途書類の郵送や受験票の印刷などが必要だったりと、学校ごとに確認しておくべきことなど、注意点もありますので、気をつけるようにしましょう。

郵送から

郵送の場合は、締め切り日が「消印有効」なのか「必着」なのかの確認が欠かせません。ギリギリに送ると、ほんとうに無事についたのかという心配もでてきますので、余裕をもって郵送できるように準備してください。

明　正　強 「明るく、正しく、強く」

創立から80余年変わらない本校の校訓です。約4万人の卒業生に脈々と流れる伝統を礎に、
今それを「明確に正義を貫く強い意志」ととらえ、本校の教育の基本方針に据えました。
生徒たちと、次の10年そして100年にむけて、“あたらしい「め」をひらき”大樹に育てていきます。

●学校説明会（予約不要）

11月24日（土）　出題者による入試問題の傾向と対策、ワンポイントアドバイス

1月12日（土）　前回までのダイジェスト

※入試問題ワンポイントアドバイスは含まれません。

※時間はいずれも 13：45～15：15

●校内見学

見学はいつでも可能ですが、担当者の案内を希望される場合は、事前に申し込みが必要です。
TEL：042-789-5535（日・祝を除く）　職員室まで

[平成31年度入試要項(抜粋)]※特待制度有り

	第1回	第2回	第3回
日程	2月1日(金)	2月2日(土)	2月3日(日)
募集人数	166名	80名	20名
試験科目	2科(国・算)または 4科(国・算・社・理)		2科(国・算)
合格発表	入試当日 18：00 Web発表		
手続き	2月10日(日)12：00まで		

アクセス　JR横浜線・小田急線「町田駅」、京王線・小田急線・多摩都市モノレール「多摩センター駅」、JR横浜線「淵野辺駅」の各駅から直行便および路線バス（急行・直行バスは登下校時のみ運行）

日本大学第三中学校

〒194-0203　東京都町田市図師町11－2375
電話 042－789－5535　FAX 042－793－2134　URL　http://www.nichidai3.ed.jp/

帝京《ここ》を選んでよかった

～ 成長がうれしい、いごこちのいい６年間 ～

帝京中学校

一貫進学コース

部活動や検定をはじめ様々なことに挑戦し、経験しながら、大学進学までの道を歩んでいくコースです。豊富な授業時間で基礎から堅実に学習します。体験が大きく成長する糧となります。学習のみでなく、人としての「のび」に期待してください。

一貫特進コース

６年後、難関大学に進学することを目標とした勉学に特化したコースです。授業・補習・講習で基礎から応用まで、幅広く学習します。同じ目標を持つ仲間同士、切磋琢磨していきます。難関大学合格までの学習の「のび」に期待してください。

中学校説明会

12/15(土) 13:30～［要予約］

1/12(土) 13:30～［予約不要］

中学合唱コンクール

11/20(火) 10:00～12:00

●川口総合文化センター

帝京中学校

http://www.teikyo.ed.jp

〒173-8555 東京都板橋区稲荷台27番1号

TEL. 03-3963-6383

●JR埼京線『十条駅』下車徒歩12分

●都営三田線『板橋本町駅』下車A1出口より徒歩8分

読めば安心

面接なんてこわくない!

受験校に面接がある場合、不安を感じるかたも多いようです。そんなみなさんが安心して面接にのぞめるよう、質問内容や合否への影響など、面接の実際についてお伝えします。

中学入試における面接の実施は減少

中学入試では多くの場合、合否は公平かつ客観的に判断できる学力試験の成績によって決定され、近年、面接を実施する学校は減ってきています。

これは学校の受験生への配慮によるもので、多くの受験生は複数の学校を受験するため、すべての学校で面接が実施されると大きな負担となってしまうからです。また、面接があることによって、他校の午後入試を受けることが時間的にむずかしくなってしまうというのも理由のひとつです。

しかし、すべての学校で面接を行っていないわけではなく、なかには伝統的に受験生全員に面接を課す学校もあります。

受験する学校については、すでに面接の有無や、その結果をどの程度重視するかなどを調べられていると思いますが、この機会にもう一度確認しておきましょう。

なお、本誌80ページからの「知っ得データ」にも面接についての項目がありますので、参考にしてください。

面接は入学前に先生と話せる機会

ここからは、学校が面接を実施する理由やその内容についてみていきましょう。

まず、面接を実施する理由は、入学前に先生とふれあってほしい、学校をもっと知ってほしいという思いからです。また、そこには、入学前に受験生と先生が直接話すことによって、教育効果を高めるねらいもあります。

面接の結果は、多くの学校で「参考程度」とされており、受験生をふるいにかけるために実施しているわけではありません。もちろん、面接の結果を重視するという学校もなかにはありますが、そうした学校でも合否を大きく左右するのは学力試験の結果だといわれています。

面接の時間は短ければ5分程度、長くても15分程度となっています。そう長くはない時間ですが、人前で話すのが苦手なかたもいるでしょうし、緊張もするでしょう。

しかし、そうした理由から面接のある学校の受験を諦めてしまうのはもったいないことです。面接官の先生はこれまで多くの受験生を見てきていますから、みなさんの緊張している姿にも理解をしめしてくれるはずです。また、ある程度の緊張は、表情に真剣さが生まれるので、悪いことではありません。

家庭での会話が対策に 話し方もポイント

さて、面接ではどのような質問をされるのでしょう。

その内容は学校ごとに異なりますが、多くの学校で聞かれるのが「志

受験生への質問例

- 名前と受験番号を言ってください。
- 本校の志望理由を言ってください。
- 家から学校に来るまでの経路を簡単に説明してください。
- この学校に以前来たことはありますか。
- きょうの筆記試験はできましたか。
- すべての入試が終わったらなにがしたいですか。
- この学校に入学したら、いちばんしたいことはなんですか。
- 新しいクラスメイトがいるとして、自己紹介をしてください。
- 本校のほかに受験している学校はありますか。
- 長所と短所を教えてください。
- 好きな科目と苦手な科目はなんですか。
- 小学校生活で最も心に残っていることはどんなことですか。
- 小学校で委員会活動をしていましたか。
- 最近、気になったニュースはどんなことですか。
- あなたの尊敬する人物はだれか、その理由も教えてください。
- 最近、どんな本を読みましたか。
- あなたが大切にしているものはなんですか。
- 地球に優しいことを具体的になにかしたり、心がけていることはありますか。
- 将来の夢はなんですか。
- いままでで、いちばんうれしかったこと、悲しかったことはなんですか。
- お母さんの料理で、なにがいちばん好きですか。
- おうちで、あなたが担当しているお手伝いはありますか。それはどんなことですか。
- ピアノを習っているそうですが、好きな曲はなんですか（習いごとがある場合、それに合わせた質問になる）。
- （面接の待ち時間に「絵本」を渡されていて）絵本を読んだ感想と、その絵本を知らない人に内容を紹介してください。
- タイムトラベルするとしたら、だれとどの時代に行きたいですか。
- クラスでいじめにあっている人がいるとします。あなたはどうしますか。

望理由」です。なぜその学校を志望したのか、自分の言葉で答えられるようにしておきましょう。志望理由は願書にも記入しているはずですから、その内容と異なることのないように気をつけましょう。そのためにも、願書は提出前にコピーをとっておき、面接前に目をとおしておくと安心です。

よく聞かれる質問は上記にまとめましたが、志望理由のほかにも、さまざまな質問があります。しかし、その内容は受験生の性格やふだん考えていることを知るためのもので、特別なものではありません。日ごろから、ご家庭でたくさん会話をすることが対策となるでしょう。

しかし、面接でいちばん大切なのは、面接官との会話です。用意してきた回答を話すことばかりに気をとられ、面接官の質問を最後まで聞かずに、回答し始めることのないように注意しましょう。

また、話し方も重要なポイントです。語尾を伸ばす話し方や、友だちと話すような言葉遣いでは、せっかくいい回答でも台なしになってしまいますし、印象もよくありません。明るくハキハキと話すことを心がけましょう。

話し方は、面接当日だけ気をつけようと思ってもなかなかむずかしいものですから、ふだんから保護者以外のおとなと話すときはきちんとした言葉遣いをするようにしておくといいと思います。敬語にも慣れておくと、面接でも自然に使うことができるでしょう。

また、面接の雰囲気に慣れるには、塾で行われる模擬面接を活用するのも有効です。

面接中や控室での態度にも気を配る

ここまで面接の質問内容や話し方についてみてきましたが、面接中や控室での態度にも気を配りたいものです。

控室では、面接時の案内や注意事項が伝えられることもあるので聞き逃さないようにし、静かに落ちついて自分の番を待ちます。

面接時の入退室の仕方は学校によって異なりますが、基本動作を覚えておけば大丈夫です。

入室時にドアが閉まっている場合は軽くノックをしてから入ります。部屋に入ったら一礼をし、イスの左側まで進みます。座るのは面接官の指示があってからです。イスには背

保護者への質問例

- 志望理由を教えてください。
- 本校の印象はどうですか。
- 本校のことを、どのようにして知りましたか。
- 本校を含めて、なぜ中学受験をお考えになったのですか。
- 通学に要する時間（通学経路を含む）はどのくらいですか。
- お子さまの長所と短所をあげてください。
- お子さまの性格を教えてください。
- お子さまの特技はなんですか。
- お子さまの名前の由来はなんですか。
- お子さまをほめるのはどんなときですか。
- 子育てでとくに留意されていることはなんですか。
- 日ごろ、ご家庭でどんな話をしていますか。
- 親子のコミュニケーションで気をつけていることはありますか。
- ご家族でお休みの日はどのように過ごしていますか。
- ご家庭でお子さまの果たす役割はどんなことですか。
- ご家庭で決めているルールはなにかありますか。
- （キリスト教主義の学校の場合）本校はキリスト教主義の学校ですが、そのことについては賛同していただけますか。
- お子さまの将来について、保護者としてのご希望はありますか。
- 本校への要望はなにかありますか。

もたれに背中がつかない程度に座り、手は膝の上に置き、あごを引いて背筋を伸ばします。

　手をぶらぶらさせたり、きょろきょろあたりを見まわしていると落ちつきがないように見えてしまいますのでやめましょう。

　面接終了後は、再びイスの左側に立ち一礼、出口で再度礼をしてから静かに部屋をでます。入る際にドアが開いていた場合は、閉める必要はありません。

　控室に戻った際は、これから面接を受ける受験生のことを考え、静かに行動するようにしましょう。なお、面接の内容について話してはいけません。

　面接がある場合、服装について悩まれる保護者のかたも多いようです。しかし、学校は、服装によって受験生の印象が変わることはないと明言していますので、気にしすぎる必要はありません。ふだん着慣れている清潔感のあるごくふつうの服装でかまいません。むしろ、筆記試験終了後、面接のために着替えることの方が不自然です。

　しかし、どうしても気になってしまう場合は、男子はセーターにズボン、女子はブレザーにスカートという服装が多いようですので、そのような服装でもいいでしょう。

保護者面接も日ごろの思いを自分の言葉で

　面接のパターンは、58、59ページ

にまとめたように、「受験生ひとりのみの面接」「受験生のグループ面接」「受験生と保護者の面接」「保護者のみの面接」の4つです。

保護者面接がある場合、保護者のかたのなかには自分の受け答えによって子どもが不合格になってしまうのではないか、回答した内容についてあとで子どもになにか言われたらどうしようと不安やプレッシャーを感じるかたもいるようです。

しかし、保護者面接も受験生の面接同様、その結果が直接合否につながることはありません。学校は保護者のかたと話す機会を設け、学校の教育理念を伝えたり、ご家庭の教育方針を聞いたりすることで、入学後のお子さまの成長につなげたいと考えているのです。

そのため、質問も「その学校を志望した理由」「お子さんを育てられるうえでとくに留意なさっていること」「入学後の学校への希望」といったもので、特別な回答を要求されているわけではありません。よくされる質問項目は57ページにまとめましたので参考にしてください。入学前に先生たちと話せるいい機会だと考え、日ごろの思いをご自分の言葉で話すことが大切です。

ただし、保護者面接の場合は、事前に提出した願書やアンケートなどに関する質問をされることもありますから、これらの書類はコピーをとっておき、学校ごとに整理して前日にひととおり目をとおしておくようにしましょう。

なお、各校の入試要項に「保護者は1名でも可」というただし書きがある場合、その言葉どおり、1名でもまったく問題ありません。「1名でもいいが、2名ならより好ましい」という意味ではありませんので、安心してのぞんでください。

4 形態

パターン 1　受験生のみ▼個人面接

この面接パターンは中学入試で最も多く行われているものです。受験生ひとりに対して、面接官は1～2名で、時間は3～5分と短め。ひとりで面接にのぞむため、不安や緊張を強く感じるかもしれませんが、入退室の方法やイスの座り方など、基本的なことをしっかりと確認しておけば心配ありません。質問には落ちついてハキハキ答えましょう。

パターン 2　受験生のみ▼グループ面接

グループ面接は、受験生3～6名に対して、面接官2～5名で実施されます。挙手制で回答したり討論形式で行われる場合もありますが、ひとりずつ順番に質問される形式が一般的です。どのような形式の場合でも、ほかの受験生が回答しているときは邪魔をせず静かに聞き、自分の番になってから話すようにしましょう。

面接パターン

パターン3 受験生と保護者

受験生と保護者に対して、面接官は3〜5名の場合が多いです。とくに指示がなければ、保護者の出席は1名でかまいません。このパターンでは親子関係をみているので、受験生と保護者で回答が食いちがってしまうことのないようにしましょう。また、受験生への質問に保護者のかたが答えてしまわないように注意してください。

パターン4 保護者のみ

一般的に面接官は1〜2名です。パターン③と同じく、とくに指示がない場合は、保護者ひとりの出席で問題ありません。おもに聞かれるのは家庭の教育方針や学校の教育方針への理解についてです。受験生の面接と並行して行われることが多いので、それぞれ異なる回答をしてしまわないように事前によく話しあっておくといいでしょう。

開智未来中学・高等学校

ゆたかな学びで人間と知性を育てる

中高一貫2期生106名卒業　東大2名と躍進！

3I'sで国際社会のリーダーを育てる

　開智中学・高等学校の教育開発校をコンセプトに、今年で開校8年目を迎えた開智未来中学・高等学校（以下、開智未来）。初代関根均校長は教育顧問となり、開校当初から教頭として学校を支えてきた加藤友信先生が新校長に就任し、さらなる本質的・先進的教育の実践を進めています。加藤校長は、情報教育では文科省からも表彰を受けた第一人者です。

加藤校長も自ら情報教育に関わる

　開智未来が具体的に掲げている教育の柱が3I's（Ｉｎｑｕｉｒｙ：探究、Internationalization：世界水準、ＩＣＴ：つなげる知能）です。この3I'sをキーワードとして、開智学園が共通で掲げる「国際社会に貢献する心ゆたかな創造型発信型リーダーの育成」を目指します。

哲学・東大ゼミ

　開智未来では、関根顧問（初代校長）が開発した「学びのサプリ」の考え方のもと、自ら中学3年間「哲学」の授業を担当します。「6つの授業姿勢（ねらい・メモ・反応・発表・質問・振り返り）」、「メモのスキル」、「学び合い」、「世界水準の思考力」、「英語発信力」など、「国際社会に貢献するリーダー」としての資質を高める「学びの基盤」を徹底して鍛えます。そして哲学の授業で身についた「学びのスキル」が身体化し、日常の授業自体が「アクティブ・ラーニング」となり、質の高い授業で生徒の教科学力と志を育てます。

　さらに中学3年生と2年生の希望者（約１００名）で土曜の0時間目に「東大ゼミ」を定期的に行っています。東大ゼミでは哲学の内容を更に深化させ、学び合いやグループごとの討論や発表を通じて、人間の価値や社会の課題などについてより深く学びます。最近では地球サミット２０１２のムヒカ大統領のスピーチから、資本主義、貧困問題などの課題を論文にまとめ発表し合いました。

関根顧問が行う哲学の授業

≪2018年度（平成30年度）中学校説明会日程≫

項　目	日　程	時　間	内　容
入試対策講座（要ＨＰ予約）	12月15日（土）	9:45～12:00	小学生サプリ 探究型入試対策講座
	11月23日（祝）	9:30～12:00	小学生サプリ ４科２科入試対策講座
	12月23日（日）		

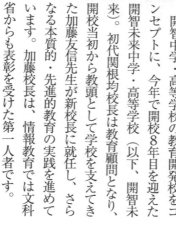

■2019年度（平成31年度）入試日程　募集定員120名（T未来30・未来60・開智30）

	1月10日（木）	1月11日（金）	1月12日（土）	1月19日（土）
午前	＜探究１＞ 計算基礎・読解基礎・探究（科学）	＜探究２＞ 計算基礎・読解基礎・探究（社会）		＜第２回＞ ４科または国算英
午後	＜第１回＞ ２科（国算）	＜未来Ａ＞ ３科（国・算・理）	＜未来Ｂ＞ ４科または国算英	

※未来Ａ・Ｂ………Ｔ未来（特待）・未来クラスをスライド判定します（未来ＡはＴ未来のみ）。
※第１回・第２回…Ｔ未来・未来・開智をスライド判定します。
※探究１・２………Ｔ未来・未来・開智をスライド判定します。基礎力（計算・読解）と、総合的な思考力（社会・科学）を問う入試です。
※１月10日～12日は午前に開智中学校、午後に開智未来中学校と、３日連続午前午後入試を実施します。
（開智中学会場10～12日、さいたまスーパーアリーナ会場10日～12日で受験できます）。

探究活動

開智未来では、フィールドワークをはじめとする様々な探究活動を数多く行っています。中学1年で実施する「里山フィールドワーク」では、長野県飯山で40ページのスケッチを完成させ、観察⇩発見⇩疑問を通じ「探究」の基礎をしっかり磨きます。

中学2年の「ブリティッシュヒルズフィールドワーク」では、オールイングリッシュの生活と英語メモートにチャレンジします。そして中学2年生全員で英検準2級の取得を目指します。

中学3年の「探究フィールドワークHプロジェクト」では、関西方面で2日間の個人研究を行い、２００ページのメモートを完成させます。また前述の「東大ゼミ」の活動と連動し、広島で英語の「平和宣言文」を発表するなど、生徒の活動もさらにパワーアップしています。

長野県飯山での里山フィールドワーク

世界水準の思考と英語発信力

探究活動の集大成である高校2年での「ワシントンフィールドワーク」（全員参加）では、スミソニアン博物館での自由研究や現地の大学での講義などを体験し、その研究成果についてタブレットを用いながら英語で発表するという取り組みも行います。さらに希望者に対する「オーストラリア語学研修」、「カリフォルニア大バークレー校次世代リーダー養成研修」など、豊富な海外体験の機会を準備しています。

ICT活用と教育の集大成「未来TED」

開智未来では、２０１７年度（平成29年度）入学生より1人1台のタブレットを導入し、メモに代表される伝統型知性と、ICT活用の未来型知性を融合させ、より本質的で先進的な学びを目指しています。各教科での効率的な活用だけでなく、各種フィールドワークや才能発見プログラムなどの探究活動にも活用しています。

昨年、各学年の探究活動を学年代表者が発表する「第1回未来ＴＥＤ」を開催しました。生徒はタブレットを用い、取り組んできた探究活動について、英語（または日本語）で台本なしのプレゼンテーションを行います。開智未来の教育を象徴するイベントとして、今後さらに進化していくでしょう。

中高一貫2期生＋高校入学5期生卒業

２０１８年（平成30年）3月に中高一貫2期生１０６名、高校入学5期生42名の計１４８名が卒業。東大2名をはじめ難関大学に多数合格し、過去3年の卒業生３８３名では、東大4名をはじめ旧帝大・国立医学部17名、早慶上理ＩＣＵ１１７名と躍進を続けています。「知性と人間をともに育てる」これが開智未来のモットーです。

負けるな、受験生！

ここいちばんの病気対策

入試本番が近づいてきたこの時期、欠かせないのが日々の健康管理です。入試当日を万全の体調で迎えるために、これからの季節、とくに気をつけたい病気についてお伝えします。その症状についてだけでなく、予防法についてもご紹介するので、ぜひ実践してください。

医療法人社団裕健会理事長　神田クリニック院長
馬渕 浩輔

1 インフルエンザ

例年12月～3月に流行し、受験生やそのご家族にとって最も避けたい病気のひとつであるインフルエンザ。インフルエンザウイルスによって引き起こされる病気で、A型、B型、C型、新型に分類できます。この4つのうち、C型は軽症である場合がほとんどですが、そのほかのA型、B型、新型の3つは大きな流行をもたらします。

インフルエンザと風邪《かぜ》とのちがいは、急激な発熱があるかどうかです。インフルエンザでは、38度以上の高熱に加え、悪寒や激しい関節痛などの全身症状が見られます。適切に治療を行わないと1週間ほど熱がつづき、悪化してしまうと、さまざまな合併症を引き起こす可能性があるので注意が必要です。

では、インフルエンザの治療法や予防法についてみていきましょう。

治療法

インフルエンザの潜伏期は1～4日程度と言われています。発症から48時間以内に抗インフルエンザ薬を投与することで、症状を大きく改善でき、熱に関しては2～3日で下がることがほとんどです。もし急な発熱があったときは、できるだけ早く医療機関を受診しましょう。

抗インフルエンザ薬の投与は発症から48時間以内とお伝えしましたが、48時間を超えてしまったとしても、かならず医師の診察を受けるようにしてください。症状が重い場合は、医師が必要と判断すれば抗インフルエンザ薬を投与することもありますし、もし抗インフルエンザ薬を投与しない場合でも、症状を緩和する治療が行われます。

インフルエンザの症状のうち、発熱やのどの痛みは、薬局などで購入できる市販薬で和らげることができますが、それでは根本的な治療にはなりません。後述しますが、解熱剤の使用には注意が必要ですので、医師の指示にしたがいましょう。

そして、大切なのは、高熱で寝こんでしまっているときでも、きちんと食事をして栄養をとることです。食事をしっかりとらなければ免疫力が低下し、結果的にウイルスを身体から追いだす力も弱くなってしまいます。

投薬

いままで、インフルエンザ治療薬として、内服薬のタミフル、吸入薬のリレンザ、イナビル、点滴薬のラピアクタの4種類がありました。今年に入り、ゾフルーザという内服薬が発売されました。

これまで使われてきたタミフル、リレンザ、イナビル、ラピアクタなどの治療薬は、「ノイラミニダーゼ阻害剤」という種類で、細胞内で増えたウイルスが、細胞から外にでるプロセスをはばむことで、まわりの細胞に感染が広がっていくのを防ぎます。

一方、ゾフルーザは、「キャップ依存性エンドヌクレアーゼ阻害剤」と呼ばれる種類の薬で、細胞内でのウイルスそのものが増えないようにする働きがあります。

このゾフルーザは1回の内服のみで治療が終了するという画期的な薬で、今後のインフルエンザ治療薬の主流になってくると思われます。1回の治療ですむ治療薬としては、ゾフルーザ以外に吸入薬のイナビル、点滴薬のラピアクタがあり、受験生で早期になおす必要のあるかたは、医師と相談のうえですが、使用が簡便なゾフルーザないしイナビルでの治療がよいと考えられます。

予防ワクチン

インフルエンザの予防に最も効果的とされているのがワクチンの接種です。

近年では、A・B・新型の3種混合のワクチンを接種することができますので、新型に対して改めて接種する必要はなくなっています。ただ、13歳以下のお子さまは免疫力が低いことから、2回打つ必要があります。

また、これまで3価（A型2株、B型1株）であったワクチンが、2015～2016年のシーズンから日本でも4価（A型〈ソ連型・香港型〉、B型〈山形系統・ビクトリア系統〉）のワクチンが使われるようになりました。

このところ、抗ウイルス薬に耐性を持ったインフルエンザウイルスも出現していますが、4価のインフルエンザワクチンによって流行するインフルエンザのタイプをかなり網羅することができるので、予防接種を受けることをおすすめします。

ワクチンは接種してから効果がでるまでに約2週間、そして有効期間は約5カ月と言われています。

そのため、中学受験をする予定のご家庭では、年内のできるだけ早いうちに1回目を打ち、年が明けた1月に2回目を打つようにしたいものです。

今年はワクチンが不足する可能性があるので、早いうちに医療機関に確認してみてください。

完治の目安

発症後、早めに抗インフルエンザ薬を投与することで、2～3日で解熱でき、その後、関節の痛みもとれてきます。しかし、だからといって、それで完治したと考えてはいけません。

インフルエンザは、完治までに原則的には発症翌日から7日間、そして解熱後2日間かかるといわれています。

ですから、症状がおさまったからといって安易に外出するのは控えましょう。

抗インフルエンザ薬を使用すると、ウイルスは急速に減りますが、けっして「ゼロ」になるわけではないからです。その状態で外出してしまうと、ウイルスをまき散らしてしまうことになります。

気をつけたいポイント

前述したようにインフルエンザは高熱がでますが、その際、ロキソニンやアスピリンなどの解熱剤は絶対に使用してはいけません。副作用として、脳症など脳の問題を引き起こす場合があるからです。

どうしても解熱剤が必要であれば、その際は医療機関で医師の診断を受け、アセトアミノフェン（商品名：カロナール）などの薬を処方してもらいましょう。

2 風邪

「風邪」とは、RSウイルスやアデノウイルス、ライノウイルスなどの感染症を総称した「風邪症候群」のことです。

鼻水、鼻づまり、咳《せき》、痰《たん》、のどの痛みなどがおもな症状です。熱もでますが、インフルエンザとはちがい、そこまで高熱にはならないでしょう。もし、1週間以上こうした症状がつづく場合は、別の病気の可能性もでてきます。

最近では、RSウイルスが流行しています。小さなお子さまがRSウイルスにかかると、ときに重症化することがあります。中学受験生ぐらいの年齢になれば重症化することは少ないですが、咳や発熱がひどい場合は医師の診察を受けてください。

風邪は、インフルエンザとちがって抗ウイルス薬はなく、自然に治ることがほとんどです。身体をよく休め、睡眠と食事（栄養）をきちんととるようにしましょう。

また、しっかりと水分補給をして脱水症状にならないように注意してください。

3 マイコプラズマ肺炎・百日咳

1～2週間、咳がおさまらない場合は、風邪ではなくマイコプラズマ肺炎や百日咳《ひゃくにちぜき》の可能性があります。

乾いた咳がつづくのがおもな症状ですが、微熱をともない、それが長引くこともあります。悪化すると、肺炎や髄膜炎《ずいまくえん》になる場合もありますから、注意が必要です。このような場合は、医療機関を受診しましょう。

4 ウイルス性腸炎

この時期は、ウイルス性の腸炎にも気をつけなければなりません。

急激な吐き気、おう吐、腹痛、下痢などがおもな症状で、原因はノロウイルスやロタウイルス、アデノウイルスなどです。なかでもよく知られているノロウイルスは、カキなどの二枚貝に存在すると言われています。しかし、貝類を食べなければ感染を防げる、というわけではありません。こうしたウイルスは吐物や便器、水道の蛇口などに付着していることが多いので注意してください。予防するにはこのような場所をつねに清潔にしておくことが肝心です。

風邪をひいたときのQ＆A

Q：お風呂に入ってもいいでしょうか。

A： 高熱の場合は避けた方がよいですが、絶対に入ってはいけないというわけではありません。37度程度の微熱であれば、汗を流し清潔にするということからも、お風呂に入ってもかまいません。ただし、長時間にならないように気をつけてください。

Q：病院の待合室などで病気に感染することもあると聞きました。

A： 小児科にはこれからの時期、多くの患者さんが来るため、待合室で感染する可能性もあります。高熱の場合や、インフルエンザの可能性が高い場合は、どのような対策を取ればよいのか、まずは医療機関に連絡してみてください。また、そのような場合でなくても、待ち時間の問題があるので、医療機関に行く際は、まず電話をしてみるとよいでしょう。対応は医療機関ごとにちがいがありますので、一度連絡をとってみることをおすすめします。

Q：どの程度の症状ならば、市販薬で大丈夫なのでしょうか。

A： 鼻水、咳、痰がでる程度であれば、市販薬でも最初は問題ありません。ただ、2、3日飲んでも症状が改善しないようであれば、医師の診察を受けた方がよいでしょう。

Q：水分はどれぐらいとるべきですか。

A： 発熱している場合は、水だけで少なくとも1日に1．5Ｌはとるようにしてください。脱水症状を引き起こさないためにも水分補給は欠かせません。お子さまの尿の回数が減ったり、尿の色が濃くなってきたら脱水を起こしている可能性がありますので要注意です。お子さんのようすに気を配りましょう。

5つの予防法

ここまで紹介してきた病気のうち、インフルエンザや風邪は、ウイルスが飛んでくることで感染（飛沫感染と言います）します。そうした病気を予防するためには、できるだけくしゃみや咳を直接浴びないようにすることが肝心です。バスや電車といった公共交通機関をはじめ、学校など、人が多くいるところで感染することが多いので注意しましょう。

予防法❶ 手洗いをしっかり

外出をするとどうしてもいろいろなものを触るため、手指に菌がつくのを防ぐことはできません。ですから、手洗いをしっかりとすることが肝心です。指や手のひらといった大きな部分だけではなく、指と指の間など、細かいところも忘れずきちんと洗うようにしましょう。

予防法❷ うがいを習慣化

外から戻ったら、うがいをするのも大切です。「イソジン」といったうがい薬も市販されていますが、絶対にこれらを使わなければならないということはありません。真水でもじゅうぶんに効果がありますので、いずれにせよ、うがいをする習慣をつけることが大事です。

予防法❸ マスクをつける

ウイルスはとても小さいので、マスクの穴をとおってしまうこともありますが、直接飛沫を浴びることを防げるので、マスクは有効です。また、インフルエンザウイルスは乾燥しているところを好むため、マスクをしてのどの湿度をあげることが、その予防につながります。

予防法❹ 室内を加湿する

とくに空気が乾燥するこの季節、加湿をすることも重要です。のどや鼻の粘膜が乾くと、ウイルスなどを防ぐ身体の働きが弱まってしまいます。加湿器がない場合でも、器に水を張ったり、室内に洗濯物を干したりすることで加湿できるので、各ご家庭で工夫してみてください。

予防法❺ タオルは共有しない

ご家庭でうがいや手洗いの際に使用するタオルにも注意が必要です。タオルは共有せず、ペーパータオルや、一人ひとり別々のタオルを用意しましょう。なぜなら、手洗いが不十分でタオルに菌がついてしまった場合、それを共有することで、家族内で感染することがあるからです。

その日　お子さまにかけてあげたいひと言

受験当日の声かけマジック

入試直前になって、お父さま、お母さまからの質問で多いのが「試験の当日、どんな声かけをしたらいいのでしょうか」というご心配です。自らのお子さまの性格は、ご両親が最もよく知っておられるのですから、その答えも、ご自身がいちばんわかっているはずなのですが、やはり心配になるものなのですね。そこで、受験当日の「声かけマジック」と題して、どんな言葉を受験生にかければ効果的なのか、を考えてみます。

いつもと変わらぬ家族で和気あいあいの朝を

　入試当日までの家庭のあり方については、14ページからの「直前期の心得」のなかでも触れていますが、受験生にとって心強いのは、なんといってもご両親の笑顔です。

　サポートとして最大の武器が「笑顔」であるのは、入試当日も変わりません。

　入試の朝は厳寒期のうえ、わが子のことが心配でたまりませんから、ついつい表情もこわばりがちになります。しかし、それではいけません。朝、鏡に向かったときに、ちょっと口角をあげて、子どもが安心できる笑顔をシミュレーションしてみてください。

　きょう、生まれて初めて、しかも最も緊張を強いられる「入試」という日を過ごすわが子が、気分よく一日を過ごせるよう、兄弟姉妹を含めて和気あいあいの朝の時間をつくりだしてほしいと思います。

　そして、お子さまが持てる力を発揮できることを信じて、温かく送りだしてあげてください。

いつもどおりの朝が大切です

　さらにいえば、「よし、やるぞ」「大丈夫だ！」と自らモチベーションを高めて学校に向かってくれれば、それで声かけは成功です。

　試験の日だからといって、特別にちがったことをやったり、朝からごちそうだったりする必要はありません。そんなことをすれば、受験生をかえって緊張させてしまいます。

　さて、当日、自宅をでる前や、入試会場で保護者と受験生が別れる直前に、親は子どもにどんな言葉をかけたらいいのか、保護者はご心配かもしれません。

　要は、本人がリラックスして入試会場に向かえるように、「ふだんどおり」を心がければいいのです。

　試験にはお母さまがついていき、お父さまは会社に、という場合もあるでしょう。お父さまは玄関で声をかけることになります。そんなときのお父さまは「いつもどおりにな」のひと言でいいのです。

　入試会場で別れるときのお母さまにしても、具体的には「がんばれ」の言葉よりも、満面の笑顔で「大丈夫よ」と言ってあげた方がどんなに力になるかわかりません。

　お子さまは、赤ちゃんのときからご父母の笑顔に誘われ、「安心」を身体全体で感じて、笑顔を返してくれましたよね。まさにそれ、笑顔がお子さまのリラックスを呼び、いつもと変わらない精神状態で試験に向かわせることができるのです。そのやりとりは、これまでの12年間、親子のきずなとなりお子さまの身にしみついています。身体で心で、それを思いだささせてあげればいいのです。

では、具体的にどんな言葉をかけてあげるべきでしょうか。入試当日までできたら、もう、やるべきことはすべて終えています。あとは「なにが起きても大丈夫」とデンとかまえて、お子さまとお話ししましょう。

「試験問題を楽しんできてね」という「声かけ」をしたかたもおられます。「大丈夫、これまであなたはがんばってきたから」と声をかけたかたもいます。「ここで待ってるからね」という言葉で安心感を与えたかたもいらっしゃいます。

親子が別れるところは事前に知っておくこと

さて、入試当日、保護者がどこで受験生と別れることになるのかは、学校によってちがいます。

心の準備が足りず、いつのまにか別れてしまい、声をかけられず、子どもの背中しか見られなかった、というのではお父さま、お母さまにも悔いが残ります。

あわてていると「言葉足らず」になりがちで、保護者にとっても心残りにつながるというわけです。

その志望校の先輩受験生や塾の先生に、どこで親子が別れることになるのか、を聞いておくに越したことはありません。

さて、そのときかける言葉はどんなものになるでしょう。イメージできてきましたか。

「がんばってね」「しっかりー」「ベストをつくせばそれでいいのよ」など、短い言葉しかかけられなかったとしても、心がこもっていれば、お子さまの心にはじゅうぶん響くはずです。

満面の笑顔がなによりの贈りもの

そのとき、お父さま、お母さまは、会場に向かうお子さまの背中を、まさに万感の思いで見送られることでしょう。まだ合否がでているわけでもないのに、この2年、そしてこの1年、さらにこの1カ月のお子さまの努力や、ともにした苦労が、まさに走馬燈のようにめぐって、目頭が熱くなることもあるでしょう。

お子さまの成長をしっかりと感じとれる瞬間でもあります。もう胸がいっぱいです。

結局は、結果はどうあれ、「きょう、すべてをだしきってきなさい」という思いを笑顔にこめましょう。それが声かけの極意です。

そして、入試を終えて、待ち合わせ場所に現れたお子さまがどんな表情をしていようと、また、満面の笑顔で迎えてあげてください。

もうおわかりでしょう。このコーナーのタイトル「声かけマジック」の「マジックのタネ」とは、そうその「笑顔」なのです。

13のポイントで解説

「その日」の迎え方 Q&A

Question & Answer

ここまで入試本番までの過ごし方や勉強法についてご紹介してきました。
最後に、受験当日をどう過ごすべきかをQ&A方式でまとめました。
大切な「その日」までに読みこんで準備し、
また、当日も改めてチェックすることでアクシデント防止に役立ててください。

Q1 試験当日にしっかりと起きるには？

A1 早寝早起きをいまから始めましょう

脳が活発に活動し始めるのは、一般的に起きたあと3時間後くらいから、と言われています。起きてすぐにベストコンディションということにはならないので、それを考えて、試験開始時間から逆算して起きる時間を設定してください。

早起きが苦手だったり、夜遅くまで勉強しているせいで、いまは朝早く起きられない人も、試験当日に力を存分に発揮するためには、できるだけ早く朝型の生活に切り替えていくことをおすすめします。

試験当日だけ早起きしても、すっきりと起きられず、睡眠不足で実力がだしきれないということもありますから、早寝早起きを少しずつでも心がけ、目安として、冬期講習が始まるころまでに、こうした生活習慣が身につくようにしてみましょう。

Q2 電車が遅れた！　そんなときは？

あわてず、まずは遅延証明書をもらいましょう A2

試験会場へは、基本的に電車やバスといった公共交通機関を使って向かうことになります。試験当日、トラブルや悪天候で交通機関の運行ダイヤが乱れる可能性はゼロではありません。もしそういったことが起きても、パニックにならずに対処することを心がけましょう。

こうした不測の事態に対しては、学校側も配慮してくれますから、焦らず落ちつくことを忘れないでください。駅についたら、駅員が遅延証明書を配っていますので、それを受け取り、試験会場へ持っていけば大丈夫です。

ただし、学校側の対応は各校で異なり、かならず遅れた時間すべてを繰り下げてくれるとはかぎりません。ですから、試験当日は集合時間の30分前ぐらいに学校に到着するように予定を立てたり、受験予定校の遅延時の対応を調べたりしておきましょう。

Q3 自家用車での送迎は大丈夫？

車での送迎は控えましょう A3

「満員電車で試験会場に向かわせるのは…」、「今日は仕事の都合がつくので」、そんな理由で、自家用車での受験生の送迎を考えるご家庭もあることでしょう。少しでもいい状態で本番を迎えさせてあげたいという保護者の思いは容易に理解できるものですが、車を使った結果、交通渋滞に巻きこまれ、時間までに会場につかないという可能性もあります。

さらに、ほとんどの学校が「車での送迎は控え、公共交通機関を利用してほしい」ということをアナウンスしています。そのため、Ｑ２のような公共交通機関の遅れ以外は遅刻の理由として考慮されないことが多いため、さらなるトラブルのもとにもなるかもしれません。こうした理由から、やはり試験当日は公共交通機関を利用するべきでしょう。

Q4 入試会場までは保護者がつきそうべき？

ひとりで向かわせずにつきそいましょう A4

受験生にとっては今回が初めての「受験」であることに加え、やはりまだ小学生です。さまざまな不安を抱えて試験会場に向かうことになるはずで、そこに保護者のかたがいるかいないかでは安心度がまったくちがってくることでしょう。

さらに、Ｑ２のように交通機関のトラブルや、通勤・通学ラッシュにあう可能性もあり、そうした面でも保護者がつきそっているかどうかでまったく状況は変わってきます。また、「まわりはみんなつきそってもらっているのに」と感じるだけでも受験生は不安になるかもしれません。試験に合格し、中学生になれば、登下校はひとりですることになるわけですが、この時点ではまだ小学生。受験生の不安要素を少しでも取り除いてあげるためにも、いっしょに試験会場に向かいましょう。

Q5 もし受験票を忘れてしまったら？

その場に応じた対応で大丈夫です A5

受験票は欠かせない持ちもののひとつですが、忘れてしまったという話がかならず聞かれます。こうしたことを防ぐためにも、75ページの「持ちものチェックリスト」を受験する学校の数だけコピーして、ぜひ活用していただきたいのですが、それでもときにミスは起きてしまうものです。

受験票を忘れてしまったときの対処法ですが、自宅をでてすぐであれば、取りに戻っても大丈夫です。しかし、たとえば電車に乗ってしまったなど、ある程度進んでいる状態であれば、取りに戻って遅刻するよりも、そのまま受験会場に向かうべきでしょう。どう行動すべきかはその時点の状況で判断してください。会場についたら係の先生に相談を。受験票の忘れものが合否に関係することはなく、基本的には受験自体も認められるからです。

Q6 当日ぐあいが悪くなったらどうすれば?

すぐに先生に相談してください A6

受験生の体調管理には各ご家庭とも万全を期していると思います。しかし、それでも100%受験生の体調不良を防ぐことができるということはなく、風邪をひいてしまったり、さまざまな要因から、試験当日や試験会場で体調を崩すこともあるでしょう。

そのような場合は、すぐに会場にいる先生に相談してください。多くの学校で、そうした受験生のための別室を用意しているからです。別室で受験しても点数が下がったり、試験時間が短くなったりという不利益を受けることはありません。ただ、当然ながら、合否自体は通常の試験と同じように判定されます。

また、咳などのせいで、ほかの受験生に影響があると判断された場合は、学校側から別室受験をすすめられることもあります。その際は指示に従いましょう。

Q7 休み時間はどう過ごすべき?

振り返りではなく気分転換に A7

ひとつの試験が終われば、それを振り返りたくなるのが人情です。同じ学校の友だちがそこにいる場合はなおさらでしょう。しかし、それをこらえて、休み時間はつぎの試験に向けて気持ちを切り替えるべきです。答えあわせをして、お互いに解答が異なっていたり、自分が解けなかった問題を友だちが解けていたりすれば、かならず以降の試験に差し支えます。それは受験生、そして、その友だちにとってもいいことではありません。

入試は1科目だけではなく、全科目の結果で判断されるものですから、終わったことは気にせず、つぎ、という気持ちをつねに持つようにしましょう。

また、意外と忘れてしまうのがトイレです。時間が経つと混んでくることも予想されますので、早めに行けるのであれば行くようにしましょう。

Q8 お弁当はどんなものをつくれば？

量と消化がいいか悪いかを考えて A8

午前からつづけて午後も試験を行う学校の場合は、お弁当を持参することになります。受験生がいい状態で試験にのぞめるよう、しっかりとした豪華なお弁当をつくってあげたいと考える保護者のかたもいらっしゃることでしょう。

しかし、受験生によっては不安や緊張でふだんより食欲がない可能性もありますので、量には気をつけましょう。いつもと同じぐらい、もしくは少なめでもいいかもしれません。また、おかずについてもできるだけ消化がいい食材を使うことも考えてください。

お弁当以外におすすめなのは、お茶やスープなどの温かい飲みものです。寒い季節でもありますし、温かい飲みものできっと身も心も温められます。保温機能のある水筒に入れて持たせてあげましょう。

Q9 保護者はどこで待つべき？

基本的に受験生を待つための場所があります A9

ほとんどの学校では、受験生のつきそいで来場した保護者のかたがたのための待機スペースを用意しています。受験生の試験が終了するまで、そうした待機スペースで待ち、試験が終わったあとに合流することになります。長時間になる待ち時間を過ごせるような準備を、保護者のみなさんは事前にしておきましょう。

ただし、ときに、首都圏の学校であっても、シティーホールなど学校以外の場所を試験会場とする試験回や、地方の私立中（寮完備）の首都圏入試などもあり、そうした場合、控え室自体がないことも。また小規模な学校では、保護者が控え室に入りきらないこともあります。そうなるとほかの場所で待機することになりますから、試験のあとにどこで待ち合わせるのかを、事前にお子さまと話しあっておきましょう。

Q10 午後入試は良し悪し?

便利だが負担増も考慮してください A10

すっかりめずらしくなくなった午後入試。試験日がかぎられているなかで、1日に2校受験できることは大きなメリットでしょう。めずらしくなくなったということ自体が、そのニーズの高まり、定着を意味していると言えます。ただ、1日に2校の受験をするということは、それだけ受験生の心身の負担が増えることも確かです。ただでさえ、受験生には不安や緊張、移動による疲れなど、これまで経験したことのない負担がのしかかります。また、午前、午後の2校ともその日の夜には結果がでて、両方とも不合格であれば、そのダメージはより大きくなることでしょう。

そうした心身の負担も、感じ方は受験生次第ですから、いちばん身近にいるご家族がそれをよく見極め、受験生本人とも相談しながら日程を決めるようにしましょう。

Q11 落ちこむ子どものフォローはどうすべき?

気持ちによりそってあげることがいちばんです A11

試験を終えて戻ってきた受験生を、保護者のかたは、まず明るく出迎えてあげましょう。もし「思ったように実力がだせなかった。きっと合格できない」と、落ちこんで戻ってきたとしてもそれは同様です。

近くで見てきたからこそ、お子さまのこれまでの努力を思い、いっしょに落ちこんだり、「どうしてできなかったのか」などと小言を言いたくなるかもしれません。しかし、当然ながら、いちばんそれがわかっていて、悔しく、つらい思いをしているのは受験生本人です。そこで怒ったり、プレッシャーを与えるのではなく、「結果はまだわからないのだから」と、できるだけポジティブな表現で受験生を励まし、よりそってあげてください。そうした保護者の支えこそが、受験生にとってなによりの力になることでしょう。

Q12 試験日の夜はどう過ごせばいい？

休むことをまず優先。勉強は軽めに A12

首都圏の私立中学入試は日をおかないハードなスケジュールになります。これを乗りきるためにも、試験があった日の夜は、つぎに備えてまずは身体を休めるようにしましょう。受験生は、明日のために勉強を、という気持ちになりがちですが、試験の疲れは本人が思っている以上に大きいものです。結果、勉強もあまりはかどらず、疲れも取れなかった、ということにならないよう、保護者から休むように働きかけてあげましょう。

そのうえで、もし時間があるようであれば、気になるところを再確認したり、重要事項を見直したりと、できるだけ負担にならないようなかたちで軽めの勉強を。そして、もしその日の試験がうまくいかなかった場合は、つぎの試験に向けて気持ちを切り替えられる時間として有効活用するようにしましょう。

Q13 合格発表の日も注意点はある？

結果に一喜一憂しすぎないことです A13

試験にはかならず「合格」か「不合格」という結果がついてきます。しかし、それが最後の試験でないかぎり、結果に一喜一憂しすぎないことをじゅうぶんに意識して、合格発表にのぞむようにすることが大切です。

とくに気をつけたいのが、試験当日の夜にあるインターネット上での合格発表です。合否によって、翌日の試験への影響がでやすいからです。不合格だった場合は、言うにおよばずではありますが、お子さまは落ちこむだけに、翌日に向けていかに気持ちを切り替えさせるかを考えなければなりません。また、合格だった場合も、喜びすぎることで心が落ちつかず、寝つけなかったためにつぎの日の試験に差し支えがでる、ということもあります。だからこそ、結果に一喜一憂しすぎないことが求められます。

月　　日(　)

中学校用　　受験番号

項　目	必要	チェック	備　考
受験票			他校のものとまちがえないこと
筆記用具			鉛筆・ＨＢを６～８本。鉛筆をまとめる輪ゴム。小さな鉛筆削りも。シャープペンシルは芯を確認して２本以上
消しゴム			良質のものを３個。筆箱とポケット、カバンにも
コンパス			指示があればそれに従う
三角定規			指示があればそれに従う
参考書・ノート類			空いた時間のチェック用。お守りがわりにも
当該校の学校案内			面接の待ち時間に目をとおしておくとよい
メモ帳			小さなもの。白紙２～３枚でも可
腕時計			電池を確認。アラームは鳴らないようにしておく
お弁当			食べものの汁が流れないように。量も多すぎないように
飲みもの			温かいお茶などがよい
大きな袋			コートなどを入れて足元に
ハンカチ・タオル			２枚は必要。雨・雪のときはタオル２枚も
ティッシュペーパー			ポケットとカバンのなか両方に
替えソックス			雨・雪のときの必需品
カバン			紙袋は不可。使い慣れたものを。雨のとき、カバンがすっぽり入るビニール袋も便利
お　金			交通費等。つきそいだけでなく本人も
交通系ICカード			Suica、PASMOなど。バスや電車の乗りかえに便利
電話番号 （なんらかの 事態発生時のため）			受験校（　　　　） 塾（　　　　） 家族携帯（　　　　）
上ばき			スリッパは不可。はき慣れたものを
雨　具			雨天の場合、傘をすっぽり入れられるビニール袋も
お守り			必要なら
のどあめ			必要なら
携帯電話（保護者）			緊急連絡用。ただし試験場には持ちこまない
願書のコピー （保護者）			面接前にチェック。願書に書いた内容を聞かれることが多い
ビニール袋			下足を入れたりするのに便利
カイロ			使わなくとも持っていれば安心
マスク			風邪の予防には、やっぱりこれ

＊必要受験校数をコピーしてご利用ください。

合格カレンダーをつくろう

中学受験では、いくつかの学校を受ける場合がほとんどです。ある志望校を何回も受けることもあります。

各学校には、それぞれ出願、入学試験、合格発表、入学手続きの日が設けられ、かぎられた約１週間の間に、つぎつぎと締め切り日がやってきます。

ある学校の入試日と、別の学校の合格発表日が重なることも当然起こりえます。

日程を整理し、理解しておかないと思わぬアクシデントにつながります。とくに、合格発表日と他校の入学手続き締め切り日が重なる場合は、それこそ30分、１時間のうちに結論をだしてつぎの行動に移らなければなりません。

手続きを延ばし、入学金の延納を認める学校もありますが、全部の学校がそうというわけではありません。

その日は、だれがどう行動するかなど、家族間で細かく打ちあわせておくことが大切です。

その日になって「Ａ校の合格発表を見てから向かったのでは、Ｂ校の入学手続きに間に合わないことがわかって、大あわてした」などのまちがいを防ぐのに役立つのが、入試スケジュールを管理する「合格カレンダー」です。

つぎのページに「合格カレンダー」の見本があります。

左のページを拡大コピーして、右ページの見本のように書きこんで使います。横軸が時間軸、縦軸が学校別になっています。

「合格カレンダー」を作成しておけば、どこの学校のどんな日程が、他校のなにと重複しているかが、一目瞭然となりミスを防ぐことができます。また、家族で手分けする必要がある日程を洗いだすこともできます。

下にあげたこと以外にも備忘録として、気になることはそのつど書きこみます。

このカレンダーは、ご家族全員が一目でわかるよう、居間などに貼り、みんなで情報を共有することが大切です。

【合格カレンダーに書きこむべきおもなことがら】

「出願」はインターネット出願が主流となってきていますので、出願の方法をよく知っておきましょう。いつだれが行うのかも決めておきます。

「複数回同時出願」の場合の受験料、返金の有無と申し出期間。

「入試当日」の集合時刻と終了予定時刻、とくに持参するものがあればそれも。

「面接」の有無、その集合時刻。

「合格発表」の日と時刻、インターネット発表の時刻。

「入学手続き」の締切日と時刻、入学金の額と納入方法。

「延納」の有無。

「返納金」について。入学手続き後の返金制度の有無、その申し出期限。

「登校日」入学手続き後に登校日が設定してある場合、その日登校しないと、入学辞退とみなされる学校があるので要注意。

そして、それぞれの日に保護者がどこに行ってなにをするのか、前もって話しあって書きこんでおきます。

各校の要項をよく見て書きこもう！（実際には左ページを拡大して書きこみます）

記入例　2019年 合格カレンダー（受験予定表）

志望校名	Ａ中１次	Ｂ中	Ｃ中２回	Ｄ中２回	Ｃ中３回
学校最寄駅 学校電話番号	千埼駅 04＊＊－＊＊＊＊	合格駅 9876－＊＊＊＊	希望駅 5555－＊＊＊＊	未来駅 1212－＊＊＊＊	希望駅 5555－＊＊＊＊
出願期間	ネット12月15日から １月10日15時まで	１月10日９時から １月21日15時まで	１月10日９時から １月29日20時まで	１月10日９時から ２月１日16時まで	１月20日９時から ２月３日15時まで
出願日	12月15日ネット出願 担当：父	１月10日ネット出願 担当：母	１月20日ネット出願 担当：父	1月21日ネット出願 担当：母	
１月20日（日）	試験日（母） 集合：８時20分 解散：12時45分				
１月22日（火）	合格発表日 11時掲示 ネット発表も有				
２月１日（金）		試験日（母） 集合：８時30分 解散：14時30分			
２月２日（土）			試験日（母） 集合：８時20分 解散：12時25分		
２月３日（日）		合格発表日 15時（～17時）掲示	合格発表日 10時ネット	試験日（父） 集合：８時30分 解散：12時30分	※Ｃ中２回不合格の場合出願（15時まで）
２月４日（月）		入学手続日 ９時～12時 47万円振り込み	入学手続12時まで ※Ｂ中の結果次第で入学手続をする	合格発表日 13時ネット	試験日（父・母） 集合：８時20分 解散：12時25分
２月５日（火）				入学手続書類 受け取り 10時から15時	合格発表日 ９時ネット 入学手続16時まで
２月６日（水）				入学手続15時まで	
２月７日（木）					
２月11日（月）		入学説明会日 15時 本人同伴			
各校のチェックポイント （備考欄）	※手続き期間内に延期手続きを行えば、予約金なしで延期手続き可能 ※願書写真は５×４ ※出願は郵送のみ	※試験日は弁当持参 ※願書写真は４×３を２枚 ※願書に小学校公印が必要	※ネット出願・母も見直しチェック ※手続納入金は現金50万円（辞退すれば24万円返還） ※願書写真は５×４	※願書写真は５×４または４×３ ※手続納入金は現金40万円（辞退後の返金有）	※手続納入金は現金50万円（辞退すれば24万円返還） ※願書写真は５×４

※カレンダーには、〈出願〉は持参か郵送かネット出願か、〈複数回同時出願〉の場合の返金の有無と申出期限、〈試験当日〉の集合時刻と終了予定時刻、持参するもの、〈面接〉の有無・集合時刻、〈合格発表〉の時刻と方法、〈入学手続締切〉の時刻・納入方法と金額（延納の有無）、〈入学手続後〉に納入金の返金制度がある場合には入学辞退の申出期限、手続き後の登校日などを書きこんでください。

※実際にご活用いただく際には、左のページをB4サイズに拡大したうえで何枚か複写してご使用ください。

2019年 合格カレンダー（受験予定表）

志望校名					
学校最寄駅 学校電話番号					
出願期間	月　日　時から 月　日　時まで	月　日　時から 月　日　時まで	月　日　時から 月　日　時まで	月　日　時から 月　日　時まで	月　日　時から 月　日　時まで
出願日					
1月　日（　）					
1月　日（　）					
2月1日（金）					
2月2日（土）					
2月3日（日）					
2月4日（月）					
2月　日（　）					
2月　日（　）					
2月　日（　）					
2月　日（　）					
各校のチェックポイント（備考欄）					

※カレンダーには、〈出願〉は持参か郵送かネット出願か、〈複数回同時出願〉の場合の返金の有無と申出期限、〈試験当日〉の集合時刻と終了予定時刻、持参するもの、〈面接〉の有無・集合時刻、〈合格発表〉の時刻と方法、〈入学手続締切〉の時刻・納入方法と金額（延納の有無）、〈入学手続後〉に納入金の返金制度がある場合には入学辞退の申出期限、手続き後の登校日などを書きこんでください。

※実際にご活用いただく際には、このページをB4サイズに拡大したうえで何枚か複写してご使用ください。

中学受験 知っ得データ

表の見方(表については10月15日までの調査による。問い合わせは各校入試担当まで)

表はおもな私立中学・国立中学を対象に行ったアンケートによる。対象は一般入試。原則として 10 月 15 日までに回答のあった学校を掲載。一部回答表現を略したところもある。無回答の項目は省略／学校名後の◎は共学校●は男子校○は女子校□は別学校／質問項目①入学試験当日の遅刻について認めるか（認める場合試験開始何分までか）②別室・保健室受験の準備はあるか③面接はあるか・あればその比重④合否判定での基準点はあるか・あればどの程度か⑤繰り上げ（補欠）合格はあるか・あればその発表方法は⑥入学手続きの延納・返還制度は⑦来年度（2019 年度）入試からの入試変更点

●男子校　○女子校　◎共学校　□別学校

江戸川学園取手◎
①10分まで　②保健室での受験が可能　③なし(帰国生入試は実施)　④なし　⑤なし　⑥延納制度あり(延納金50,000円)　⑦web出願導入　一般入試に英語型(国算英)導入、4科と選択制へ　3回目入試日程変更2/4→2/5

江戸川女子○
①認める(要連絡)　②可能　③なし　④なし　⑤予定･電話　⑥都立公立中高一貫校受検者は延納可　辞退の場合諸経費のみ返還　⑦全ての入試で英検による点数加算を実施　2/1･2/2午後の合格発表当日へ　不合格者への得点開示を廃止

桜蔭○
①20分まで　②可能(養護教諭と要相談)　③実施･参考程度　④非公表　⑤予定･電話　⑥なし　⑦なし

桜美林◎
①20分まで　②可能　③なし　④なし　⑤予定･電話　⑥2/7まで第1期納入金(339,000円)の延納可(総合学力評価テストは除く)　全ての回で3/30　15:00までに辞退の場合第1期納入金を返還　⑦日程変更2/3午前→2/3午後　総合学力評価テスト→タイプA(文系総合･理系総合)･タイプB(文系総合･理系総合･読解表現総合)

鷗友学園女子○
①30分まで　②可能　③なし　④各科目受験平均点の5割以下が審議の対象となる　⑤なし　⑥2/12　16:00までに所定の用紙提出により入学金を返還　⑦なし

大妻○
①15分まで　②可能　③なし　④なし　⑤予定･掲示とインターネット併用　⑦第4回入試新設

大妻多摩○
①15分まで　②可能　③なし　④なし　⑤未定･行う場合インターネットと電話　⑥大妻･大妻中野･大妻嵐山に進学する場合入学金の返還制度あり　⑦なし

大妻中野○
①認める(試験時間の延長はしない･午後入試は20分遅れと50分遅れの対応あり)　②可能　③なし　④なし　⑤予定･電話　⑥延納手続により2/9　11:00まで延納可　⑦グローバル入試の英語を筆記からスピーキングに変更

大妻嵐山○
①20分まで　②可能　③なし　④なし　⑤なし　⑦1教科型入試(みらい力1教科･英か算)を新設

大宮開成◎
①認める　②なし　③なし　④なし　⑤未定･行う場合電話　⑥辞退の場合入学金360,000円のうち150,000円を返還　⑦類型の一本化(英語特科コースのみ)　web出願のみへ

小野学園女子○
①認めない　②可能　③なし　④ある　⑤なし

カ

海城●
①認める　②可能　③なし　④ある　⑤予定･電話　⑦出願後通知表のコピーを郵送で提出へ

開成●
①50分まで　②可能　③なし　④非公表　⑤予定･電話　⑥2/28　15:00までに辞退の場合施設拡充資金のみ返還　⑦web出願導入

開智◎
①20分まで　②可能　③なし(帰国生入試のみ実施)　④なし　⑤未定　⑥3/30までに辞退の場合全額返還　⑦先端B入試日程変更→1週間早い1/17へ　先端B入試と他の回の入試を受験すると一貫クラス合否の対象となる

ア

青山学院◎
①20分まで　②可能　③なし　④なし　⑤予定･電話　⑦web出願へ

青山学院横浜英和◎
①15分まで　②可能　③実施･参考程度　④なし　⑤予定･電話　⑥施設費のみ2/12まで延納可　⑦なし

浅野●
①10分まで　②可能　③なし　④なし　⑤未定･行う場合電話

麻布●
①認めない　②可能　③なし　④なし　⑤非公表　⑦出願期間･出願方法変更を検討中

足立学園●
①25分まで　②可能　③なし　④なし　⑤予定･電話　⑥2/6　15:00までに延期手続をすれば2/9　16:00まで入学手続延期可(入学手続専用サイトにて)　⑦一般入試特別優遇導入(出願条件①卒業生の子弟または在校生の兄弟②足立学園を第1志望とし一芸にすぐれ明朗闊達で学習意欲の高い者)

跡見学園○
①20分まで(理由により考慮する)　②可能　③なし(英語コミュニケーション入試は除く)　④なし　⑤予定･電話　⑥なし　⑦募集定員変更　入学手続締切日延長→2/6まで(都立中高一貫校受検者は2/9まで※要別途手続)　帰国生入試日程変更(12/19実施)

郁文館◎
①30分まで　②可能　③なし　④なし　⑤なし　⑦第1回特別奨学生選抜試験科目が2科(国算)へ　特別編成を除く適性検査型入試の試験科目「適性検査Ⅲ」を必須化

市川◎
①認める　②可能　③なし　④なし　⑤なし　⑥入学金330,000円のうち150,000円納入により2/3まで延納可　⑦12月帰国生入試と1月英語選択入試で英語の科目名と内容を変更→英語Ⅰ(Writing※帰国生はListeningも)･英語Ⅱ(英検準1級程度の問題)

上野学園◎
①認める　②可能　③なし　④なし　⑤なし　⑥辞退の場合設備資金を返還　⑦2/1午前2科4科型→2科型　2/2午前得意科目2科選択型入試(国･算･英)へ　2/4午前特待チャレンジ2科4科選択へ

浦和明の星女子○
①状況により対応　②可能　③なし　④なし　⑤予定･電話　⑥1回目は、延納希望者は1/18までに延納手続書類提出→2/3まで延納可　2回目は延納不可　⑦なし

浦和実業学園◎
①認める　②可能　③英語入試のみ実施･ある程度考慮する　④なし　⑤なし　⑥なし　⑦適性検査型入試(第1回)日程変更1/11→1/10

栄光学園●
①認めない　②可能　③なし　④なし　⑤未定･行う場合電話　⑥2/5　16:00までに辞退の場合入学金300,000円のうち200,000円を返還　⑦web出願へ

穎明館◎
①認める(試験時間の延長はしない)　②可能　③なし　④なし　⑤未定･行う場合電話　⑥なし　⑦2/2午後入試実施(国算2科)　2/1･2/2･2/4の午前一般入試と同時にインターナショナル入試を実施　入学手続期間2/9まで(2/1･2/2･2/4の全ての入試)

共栄学園◎
①30分まで　②可能　③実施・ある程度考慮する　④なし　⑤なし　⑥公立中高一貫校受検者は申告により2/12まで延納可　⑦第３回特待生選抜入試②２科・４科→２科のみ　第４回２科・適性検査入試②2/4→2/5

暁星●
①15分まで　②可能　③なし　④なし　⑤予定・電話　⑥なし　⑦web出願のみへ

暁星国際◎
①認める(時間は状況により対応)　②可能　③実施・かなり重視する　④なし　⑤未定　⑥なし

共立女子○
①2/1・2/2は15分まで　2/3は10分まで　②可能　③2/3午後のみ実施・ある程度考慮する　④なし　⑤予定・電話　⑥なし　⑦2/3午後合科型入試の面接を個別からグループワークへ

共立女子第二○
①30分まで　②可能　③なし　④なし　⑤予定・電話　⑥なし　⑦サイエンス入試新設(2/4 14:00)　海外帰国生入試日程変更(1/9→11/24)

国本女子○
①認める　②可能　③実施・ある程度考慮する　④６割程度　⑤なし　⑥なし　⑦２科受験の選択に英語と算数を追加

公文国際学園◎
①認める　②可能　④なし　⑤未定　⑥なし　⑦web出願開始

慶應義塾◎
①認める(個別に対応する)　②可能　③実施・かなり重視する　④なし　⑤予定・電話　⑥２月末までに辞退の場合入学金以外を返還　慶應義塾普通部・慶應義塾湘南藤沢に入学手続完了者は納入した学費等の振替制度あり　⑦出願日程変更1/20〜1/22→1/10〜1/11

慶應義塾湘南藤沢◎
①状況により対応(時間は非公表)　②状況により対応　③実施・比重は非公表　④非公表　⑤予定・電報　⑥期日までに所定の方法で辞退を申し出た場合入学金以外を返還

慶應義塾普通部●
①１時間目終了まで　②可能(校医の判断による)　③実施・比重は非公表　④なし　⑤予定・候補者を掲示とインターネットで発表後繰り上げ合格者には電話連絡　⑥授業料分納可　⑦なし

京華●
①20分まで　②可能　③なし(帰国生のみ実施)　④なし　⑤未定・行う場合掲示とインターネット　⑥2/15までに辞退届提出により入学金以外の納入金を返還　⑦web出願へ

京華女子○
①20分まで　②可能　③実施・かなり重視する　④なし　⑤なし　⑥第１志望者と第２志望者で(出願時に申告)それぞれ締切日を設定(第２志望者は延納手続不要)　⑦適性検査型入試Ⅰ・Ⅱ型とⅠ・Ⅱ・Ⅲ型の選択制へ　出願から入学手続まで全てwebで実施

恵泉女学園○
①10分まで　②可能　③なし(帰国生枠のみ実施・ある程度考慮する)　④なし　⑤予定・電話　⑥なし　⑦自己紹介カードの記入を廃止　恵泉女学園のキリスト教教育への同意を確認するカード記入へ

啓明学園◎
①20分まで　②可能　③実施・ある程度考慮する　④なし　⑤なし　⑦web出願のみへ　入試日程変更2/3→2/4

光塩女子学院○
①5分まで(個人の責任以外は個別に対応)　②可能　③実施・参考程度　④なし　⑤予定・電話　⑥辞退の場合施設設備資金と学校債(任意)を返還

晃華学園○
①30分まで　②可能　③なし　④なし　⑤予定・電話　⑥なし　⑦2/1午後に第２回入試を実施　募集定員・配点等変更あり(詳しくは募集要項参照)

工学院大学附属◎
①25分まで　②可能　③英語入試・算数入試で実施・ある程度考慮する　④なし　⑤未定　⑥なし　⑦なし

攻玉社●
①30分まで　②可能　③なし　④なし　⑤なし・行う場合電話　⑦2/2募集定員70名→80名　2/5特別選抜入試で国語廃止へ

麴町学園女子○
①認める(試験時間の延長はしない)　②可能　③なし　④なし　⑤未定・電話　⑦2/1・2/3に「Active English入試」を実施　2/2・2/10に「みらい型(適性検査型)入試」を実施

佼成学園●
①午前入試は20分まで(試験時間の延長はしない)・午後入試は50分まで(別室受験)　②可能　③なし　④なし　⑤なし　⑥施設設備金返還可

開智日本橋学園◎
①状況により対応　③GLCのみ実施・かなり重視する　④なし　⑤なし　⑦AC募集廃止　特待生入試で算数１科を導入

開智未来◎
①20分まで　②可能　③なし　④なし　⑤なし　⑥3/31までに辞退の場合納入金全額返還

海陽●
①認める(時間は非公表)　②可能　③保護者同伴面談を実施・参考程度　④なし　⑤予定・電話　⑥辞退期限までに連絡した場合入寮費200,000円を返還　⑦国算理の３科または国算社理の４科選択へ　特別給費生入試の特別枠が専願へ　特別枠を除く特別給費生入試で保護者同伴面談を廃止

かえつ有明◎
①10分まで　②可能　③なし　④なし　⑤なし　⑦2/4思考力特待→2/1午前思考力特待　2/2思考力特待→2/2午前アクティブラーニング思考力特待

学習院●
①15分まで　②なし　③なし　④なし　⑤未定　⑦一般入試、帰国入試ともにweb出願のみへ

学習院女子○
①50分まで　②可能　③実施・参考程度　④なし　⑤A入試はなし　B入試は実施・掲示とインターネットで補欠を発表し、繰り上げ合格は電話とインターネットで発表　⑥なし　⑦出願期間早まる(1/17〜1/22まで)

春日部共栄◎
①50分まで　②可能　③なし　④なし　⑤なし　⑥辞退の場合全ての入試回で納入金の一部(施設費100,000円)を返還　⑦第２回午前２科・４科→４科、第２回午後４科→２科・４科　試験会場第３回本校会場以外に大宮ソニックシティ・第４回会場を越谷コミュニティセンターへ　入学手続全入試回で2/7　15:00までへ

神奈川学園○
①20分まで　②可能　③なし　④なし　⑤未定・電話　⑥2/8　16:00までに辞退の場合入学金全額返還　⑦思考力・判断力・表現力を問う問題を少し増やす

神奈川大学附属◎
①20分まで　②可能　③なし　④算数のみ４割程度　⑤予定・電話　⑥なし　⑦なし

鎌倉学園●
①20分まで　②可能　③なし　④なし　⑤予定・電話　⑥返還可(2/13まで入学金の一部100,000円　施設費は入学式前日まで)

鎌倉女学院○
①20分まで　②可能　③なし　④なし　⑤未定・電話　⑥指定日までに辞退の場合入学金を返還　⑦入試日１次2/2・２次2/3　発表日１次2/2・２次2/4

鎌倉女子大学○
①状況に応じて個別対応　②可能　③なし　④なし　⑤なし　⑦午前入試は２科のみ実施　適性検査型入試変更点あり

カリタス女子○
①20分まで　②可能　③なし　④なし　⑤なし・行う場合電話　⑥3/31までに辞退届提出により施設拡充費(200,000円)を返還　⑦2月の帰国生入試１回→2/1に２回・2/3に１回

川村○
①状況により対応　②可能　③実施・参考程度　④なし　⑤予定・インターネット　⑥なし　⑦特待生制度導入　奨学金制度(海外留学支援金)導入　2/1午前一般入試新科目「自己表現」導入　適性検査型入試実施(2/1午後・2/6午前)

神田女学園○
①認める(要事前連絡)　②可能　③なし　④なし　⑤なし　⑥なし　⑦特待生入試の拡充　得意科目型入試(１科)導入

関東学院◎
①認める　②可能　③なし　④なし　⑤予定・電話　⑥2/15までに辞退の場合特別施設費(200,000円)を返還　⑦全日程の理科で地学・生物・化学・物理４分野にわたる問題を出題

関東学院六浦◎
①45分まで　②可能　③なし　④なし　⑤未定　⑥2/28までに申し出た場合特別施設費を返還　公立・国立校受検者は2/10まで延納可　⑦総合(適性検査)型・英語型・自己アピール型を新設

北鎌倉女子学園○
①20分まで　②可能　③実施(日本語４技能は除く)・参考程度　④なし　⑤未定　⑥手続期間内の辞退手続により施設設備費を返還　⑦日本語４技能の入試日程１回増　音楽コースの学科試験で日本語４技能の選択可へ

北豊島○
①認める(交通事情等以外は試験時間の延長はしない)　②可能　③実施・参考程度　④なし　⑤なし　⑥なし　⑦適性検査型・英語入試日程変更2/1午前→2/1午後

吉祥女子○
①20分まで　②可能　③なし　④なし　⑤予定・電話　⑥2/20までに辞退の場合一部返還可　⑦出願開始日変更1/20→1/10

芝浦工業大学柏◎
①20分まで　②学校受験のみ可能　③なし(帰国生入試では実施・参考程度)　④なし　⑤なし・行う場合電話　⑥延納手続金50,000円により2/4　18:00まで延納可

芝浦工業大学附属●
①20分まで　②可能　③なし　④なし　⑤なし　⑥辞退時返還措置あり　⑦web出願導入

渋谷教育学園渋谷◎
①認める(公共交通機関の遅延などの場合)　②可能　③なし　④なし　⑤未定　⑥なし　⑦なし

渋谷教育学園幕張◎
①認める　②可能　③なし　④なし　⑤なし

修徳◎
①認める　②可能(状況により対応)　③実施・かなり重視する　⑦特待生制度

秀明大学学校教師学部附属秀明八千代◎
①20分まで　②可能　③実施・かなり重視する　④なし　⑤なし　⑥なし　⑦なし

十文字○
①原則認めない　②可能　③なし　④なし　⑤予定・電話　⑥2/11までに辞退を申し出れば入学時施設費を返還　⑦なし

淑徳◎
①20分まで　②可能　③なし　④なし　⑤なし・行う場合は掲示とHP　⑥２月末までに辞退の場合全額返還

淑徳SC○
①認める　②可能　③実施・ある程度考慮する　④40点程度　⑤なし　⑥なし

淑徳巣鴨◎
①認める　②可能　③なし　④なし　⑤なし　⑥3/31　17:00までに辞退届提出により施設費を返還　⑦2/1午後スカラシップ入試４科・３科→４科・２科へ

淑徳与野○
①認める　②可能　③なし　④なし　⑤予定・電話　⑥辞退の場合入学金以外(施設費・PTA会費等)を返還　⑦昨年度よりweb出願に切り替え

順天◎
①試験終了まで　②可能　③実施・かなり重視する　④なし　⑤なし　⑥入学金の納入により残金を延納可　原則返還はしないが理由により対応する場合あり

頌栄女子学院○
①認めない(交通事情等による遅刻は別途対応)　②別室受験可　③実施・参考程度　④なし(著しく低得点の科目があれば判定会議で審議する)　⑤なし　⑥なし　⑦なし

城西川越●
①15分まで　②可能　③なし　④なし　⑤なし　⑥2/9　15:00までに辞退連絡をすれば施設費200,000円を返還

城西大学附属城西◎
①20分まで　②可能　③英語技能入試で実施・かなり重視する　④なし　⑤予定・電話　⑥なし　⑦CEFR Ａ２以上の英語資格保持者は英語技能入試で筆記試験免除、帰国生入試で英語得点70点分保障へ

常総学院◎
①認める(試験時間の延長はしない)　②なし　③なし　④なし　⑤なし　⑥第１回一般入試のみ延納手続により2/8まで延納可　⑦推薦専願入試で英検４級(それと同等の資格)以上取得者は受験科目を算数と面接のみへ

聖徳学園◎
①9:30まで　②可能　③実施・かなり重視する　④なし　⑤なし　⑦アピール入試を新設(プログラミングかコミュニケーション英語のいずれかを選択)

湘南学園◎
①10分まで　②可能　③なし　④なし　⑤未定　⑥国立・公立中高一貫校受検者は申請により入学時校納金延納可(2/10　15:00まで)　⑦2/1午前に「湘南学園ESD入試」を導入

湘南白百合学園○
①20分まで(交通機関の遅延は別途対応)　②可能　③実施・まったく合否には関係しない　④なし　⑤未定　⑥施設設備費と教材費返還可　⑦web出願導入(窓口出願と併用)

昌平◎
①20分まで　②学校入試は可能　外部会場入試は不可　③なし　④なし　⑤なし　⑥なし　⑦名称変更一般３科(国算英)→グローバル入試

城北●
①30分まで　②可能　③なし　④なし　⑤未定・行う場合電話　⑥なし(未受験の受験料は納入金に充当)　⑦なし

城北埼玉●
①20分まで　②可能　③なし　④なし　⑤予定・電話　⑥なし　⑦web出願へ完全移行　全ての入試で特待合格者を出す

カ

佼成学園女子○
①認める　②可能　③なし　④なし　⑤なし　⑥施設設備金のみ返還可　⑦web出願へ　PISA型入試→適性検査型入試　グローバル入試追加

国府台女子学院○
①試験開始まで　②可能　③なし　④なし　⑤予定・電話　⑥なし　⑦なし

香蘭女学校○
①25分まで　②可能　③なし　④なし　⑤予定・電話　⑥なし　⑦出願方法と合格発表をwebのみへ　試験回数１回→２回　面接廃止

国学院大学久我山□
①25分まで　②可能　③なし　④なし　⑤未定・行う場合電話　⑥なし　⑦web出願において写真の出願方法変更

国際学院◎
①20分まで　②可能　③実施・ある程度考慮する　④なし　⑤なし　⑥なし　⑦なし

国士館◎
①集合から10分まで　②インフルエンザ等伝染性の場合のみ可能　③実施・ある程度考慮する　④なし　⑤なし

駒込◎
①20分まで　②可能　③なし　④なし　⑤予定・インターネット　⑥公立中高一貫校受検者は延納可　⑦特色入試の導入など変更あり

駒場東邦●
①認める　②可能　③なし　④なし　⑤予定・電話とその他の方法(未定)　⑦web出願へ

サ

埼玉栄◎
①認めない　②可能　③なし　④なし　⑤なし　⑥なし　⑦SE入試廃止　1/13・1/14午前にも医学クラス・難関大クラス入試を実施

埼玉平成◎
①認める　②可能　③専願のみ実施・かなり重視する(最高20点加点)　④５割程度　⑤予定・電話　⑥出願時に申告することで2/6まで延納可　⑦1/10午後に実技を中心としたプラクティカル入試を実施

栄東◎
①認める　②可能　③なし(帰国生入試のみ実施)　④なし　⑤なし　⑦東大Ⅱ試験科目４科または１科(算数)の選択へ　受験料２回まで25,000円、追加5,000円で3、4回まで受験可能へ

相模女子大学○
①20分まで　②可能　③なし　④なし　⑤なし　⑥所定の手続により施設費返還可　⑦2/1第１回入試にプログラミング入試導入　国語・算数試験時間50分→45分

佐久長聖◎
①20分まで　②可能　③なし　④なし　⑤第２回本校入試のみ予定・電話(東京入試は実施しない予定)　⑥分納可(入学手続期間内に入学金200,000円納入により施設費100,000円を5/10に納入)　⑦出願方法をweb出願のみへ

桜丘◎
①15分まで(午後入試は45分まで)　②可能　③なし　④なし　⑤なし　⑦第２回入試に「英検＋英語インタビュー」を追加(入試科目は算数と英語インタビューとなり英検取得級に応じて保証点あり)

狭山ヶ丘高等学校付属◎
①20分まで　②可能　③なし　④なし　⑤なし　⑥なし　⑦なし

サレジオ学院●
①状況により個別に対応　②可能　③なし　④なし　⑤なし　⑥なし　⑦なし

自修館◎
①50分まで　②可能　③なし　④なし　⑤予定・電話　⑥国立受験者、公立中高一貫校受検者は2/10　13:00まで延納可　3/30　13:00までに辞退の場合２次手続金を返還　⑦2/1午前Ａ－１に探究入試(適性検査型)導入　2/5Ｄ２科新設web出願導入　募集定員変更2/1午前Ａ－１　45名、2/1午後Ａ－２ 35名、2/2午前Ｂ－１　10名、2/2午後Ｂ－２　15名、2/3Ｃ10名　2/5Ｄ５名

実践学園◎
①認める　②可能　③課題作文型入試のみ実施・ある程度考慮する　④なし　⑤なし　⑥なし　⑦１教科入試と適性検査型入試を追加

実践女子学園○
①認める(時間制限はないが試験時間の延長はしない)　②可能　③なし　④ある・基準は非公表　⑤未定・電話　⑥なし　⑦2/4午前に２科基礎学力入試を実施(国算ともに基礎問題を出題)

品川女子学院○
①30分まで　②可能　③なし　④なし　⑤予定・電話と電報　⑥2/14　16:00までに辞退の場合入学金を返還　⑦出願開始日1/20→1/18

芝●
①30分まで　②可能　③なし　④なし　⑤欠員が出た場合実施・電話　⑥なし　⑦入学手続日を２日間→１日へ短縮(１回2/2　9:00～15:00のみ・２回2/5　9:00～15:00のみ)

西武学園文理◎
①20分まで ②可能 ③帰国生入試のみ実施・参考程度 ④なし ⑤予定・電話 ⑥なし ⑦得意教科入試を名称変更→算数１教科入試・英語１教科入試 一部入試で専願優遇制度を導入 適性検査型入試会場変更→所沢くすのきホール ２月入試実施へ（昨年は１月のみ）

西武台千葉◎
①15分まで ②可能 ③なし ④４割程度 ⑤なし ⑥2/15正午までに辞退届提出により施設設備金を返還 ⑦特選コース・進学コース募集停止、新たに総合コースとして一括募集へ 所属小学校長に推薦が認められた場合のみ推薦書を提出へ

西武台新座◎
①認める（試験時間の延長はしない） ②可能 ③なし ④なし ⑤なし・行う場合掲示とインターネット併用

聖望学園◎
①30分まで ②可能 ③専願のみ実施・参考程度 ④５割程度 ⑤なし ⑥延納期日は2/15 一部返還可 ⑦第３回入試「得意型A」（英語）・「得意型B」（４科から２科を選択） 第４回プレゼンテーション入試実施

成立学園◎
①30分まで ②可能 ③なし ④なし ⑤なし ⑥3/29まで分納（延納）可 3/29までに辞退の場合施設費を返還 ⑦2/2午前適性検査型入試（九段対応）を新設

青稜◎
①15分まで ②可能 ③なし ④なし ⑤未定 ⑥入学金延納願提出の場合2/15まで延納可 ⑦なし

世田谷学園●
①４科入試は１限目まで・算数特選入試は認めない ②可能 ③なし ④なし ⑤未定・発表方法は非公表 ⑦2/1午後に算数特選入試を実施

専修大学松戸◎
①20分まで ②可能 ③帰国生入試のみ実施・重視する ⑤未定・行う場合電話 ⑥手続期間内に入学金のうち50,000円納入により2/3 16:00まで延納可 ⑦第１回入試成績優秀者を特待生として発表

洗足学園○
①20分まで ②可能 ③なし ④なし ⑤予定・電話 ⑥施設費は2/14 15:00まで延納可 辞退の場合施設費を返還

捜真女学校○
①事情により対応 ②可能 ③実施・参考程度 ④なし ⑤予定・電話 ⑥なし ⑦web出願導入 成績上位者の入学金免除制度導入

タ

高輪●
①20分まで ②可能 ③なし ④なし ⑤予定・電話 ⑥なし ⑦なし

橘学苑◎
①認める ②可能 ③なし ④６割程度 ⑤未定 ⑦第１～第３回（国、算、英語インタビューアプローチ） 第４回・第５回（国、算、英語or理科・社会）英語インタビューアプローチは昨年度までと内容は同じ（名称を変更）

玉川学園◎
①認める ②可能 ③実施・一般クラスはまったく合否には関係しない・国際バカロレア（IB）クラスは参考程度 ④なし ⑤なし ⑥期限までに辞退を申し出た場合入学金以外を返還

玉川聖学院○
①20分まで ②可能 ③実施・参考程度 ④なし ⑤なし ⑦web出願へ

多摩大学附属聖ヶ丘◎
①認める ②可能 ③なし ④なし ⑤未定 ⑥適性型入試は公立中高一貫校との併願申し出があれば延納可 ⑦なし

多摩大学目黒◎
①45分まで ②可能 ③なし ④なし ⑤未定 ⑥なし ⑦なし

千葉日本大学第一◎
①認める ②可能（事前連絡があった際は検討する場合あり） ③なし ④なし ⑤予定・インターネットと電話 ⑥第１期入試合格者は入学金の一部50,000円納入し延納手続をすれば2/4 15:00まで延納可 ⑦第一志望入試不合格者が１期入試を受験する場合の受験料は不要へ

千葉明徳◎
①20分まで ②可能 ③実施・ある程度考慮する ④なし ⑤未定 ⑥一般入試・特待生入試・ルーブリック評価型入試は2/5まで延納可 適性検査型入試は2/13まで延納可 ⑦一般入試①②を統一→一般入試へ ルーブリック評価型入試→12/1へ 適性検査型入試学校会場で適性検査Ⅲか面接の選択制へ

中央大学附属◎
①認める ②可能 ③なし ④なし ⑤予定・インターネットで補欠合格候補者を発表→補欠合格の場合電話連絡 ⑦帰国生入試新設（一次試験12/21・二次試験12/22・若干名募集）

中央大学附属横浜◎
①10分まで ②可能 ③なし ④なし ⑤未定・電話 ⑦HP上の合格発表の日時が早まる

昭和学院◎
①20分まで ②可能 ③「マイプレゼンテーション入試」、「マイプレゼンテーション イン イングリッシュ入試」で実施・ある程度考慮する ④なし ⑤なし ⑥併願入試は延納可 適性検査型入試合格者は公立中高一貫校の合格発表まで延納可 ⑦「マイプレゼンテーション イン イングリッシュ入試」導入（自己表現文は日本語で、プレゼンテーションと質疑応答は英語で行う）

昭和学院秀英◎
①20分まで ②可能 ③なし ④なし ⑤なし ⑥午後特別入試・第２回入試は期日までに50,000円納入により残額を延納可 ⑦募集定員変更第１回20名・午後特別30名・第２回100名・第３回約10名へ

昭和女子大学附属昭和○
①25分まで ②可能 ③なし ④なし ⑤なし ⑦一般2/1～2/3・３科目へ（国算英） 2/1午後思考力入試（適性検査型）を実施

女子学院○
①10分まで ②可能（養護教諭の判断による） ③実施・比重は非公表 ④非公表 ⑤非公表

女子聖学院○
①20分まで ②可能 ③英語表現力・日本語表現力・アサーティブ入試において実施・参考程度 ④なし ⑤予定・電話 ⑥なし ⑦2/2にアサーティブ入試を導入

女子美術大学付属○
①１時間目の試験に遅刻した場合のみ認める（試験時間の延長はしない） ②可能 ③実施・参考程度 ④なし ⑤予定・電話 ⑥2/6正午までに入学辞退届提出により施設費・PTA入会金を返還 ⑦募集定員変更第１回105名・第２回15名程度・第３回15名程度へ

白梅学園清修○
①20分まで ②可能 ③英語のみ実施・ある程度考慮する ④６割程度 ⑤予定・電話 ⑥都立中高一貫校併願者は延納可 ⑦2/1午前適性検査型はA（立川国際・武蔵）またはB（南多摩）タイプから選択可

白百合学園○
①15分まで ②可能 ③実施・参考程度 ④なし ⑤未定・行う場合電話 ⑥なし ⑦なし

巣鴨●
①20分まで ②可能 ③なし ④なし ⑤予定・電話 ⑥2/5まで延納可 ⑦第Ⅰ期定員80名へ変更 2/1午後算数選抜新設

逗子開成●
②可能 ③なし ④なし ⑤未定・行う場合電話 ⑥なし ⑦なし（帰国生入試は変更点あり）

駿台学園◎
①認める（時間は遅刻理由により対応） ②可能 ③なし ④なし ⑤なし ⑥なし ⑦web出願導入

聖学院●
①15分まで ②可能 ③なし ④なし ⑤なし ⑥入学手続受付期間内に辞退届を提出した場合入学金以外を返還 ⑦思考力入試の「ものづくり思考力」試験日2/1午後へ 思考力入試の「思考力＋計算力入試」の名称が「M型思考力」へ変更

成蹊◎
①15分まで ②可能 ③なし ④なし ⑤予定・電話 ⑥3/30正午までに所定の入学辞退届提出により入学金以外の納付金を返還 ⑦出願方法変更（web出願のうえ必要書類を提出）

聖光学院●
①個別に対応 ②可能 ③なし ④なし ⑤未定（辞退者が出れば実施）・行う場合電話

成城●
①認めない ②可能 ③なし ④なし ⑤未定 ⑥なし ⑦高校募集停止

成城学園◎
①15分まで ②可能 ③なし ④なし ⑤未定・電話 ⑥なし ⑦帰国生入試日程変更2/1→1/9

聖セシリア女子○
①15分まで ②可能 ③なし ④なし ⑤予定・電話 ⑦入試科目変更2/3午後三次試験２科・４科→２科（国・算）

清泉女学院○
①１時限の途中まで ②可能 ③１期試験のみ実施・まったく合否には関係しない ④なし ⑤予定・電話 ⑥なし ⑦３期試験日程変更2/1→2/3午後

聖徳大学附属女子○
①試験時間の半分まで ②可能（応相談） ③実施・参考程度 ④なし ⑤なし・行う場合掲示とインターネット併用 ⑥都内公立中高一貫校受検者は公立校合格発表の翌日まで延納可 ⑦２科・３科・４科選択入試、音楽表現入試、英語入試、適性検査型Ⅲを導入

星美学園○
①30分まで ②可能 ③なし ④なし ⑤未定 ⑥なし ⑦第６回入試を新設

タ

筑波大学附属◎
①認める　②可能　③なし　④なし　⑤予定･電話　⑥なし　⑦なし

筑波大学附属駒場●
①認める（条件などは非公表）　②可能　③なし　④非公表　⑤予定･郵送

土浦日本大学◎
①１科目めの15分まで　②可能　③なし　④なし　⑤予定･電話　⑦セット受験を廃止し追加出願制度へ

鶴見大学附属◎
①１時間目の試験開始10分まで　②可能　③なし　④なし　⑤未定･行う場合電話　⑥なし　⑦なし

帝京◎
①20分まで　②可能　③なし　④なし　⑤なし　⑥なし　⑦2/2午後得意教科重視入試、150点に換算する教科の事前登録廃止→高得点の教科を150点に換算

帝京大学◎
①認める（試験時間の延長はしない）　②可能　③なし　④なし　⑤なし　⑦2/2第２回を特待･一般選抜入試とし合格者上位15名を原則６年間特待生とする

田園調布学園○
①交通事情や災害等の場合に限り認める　②可能　③実施･参考程度　④なし　⑤予定･電話　⑥2/6に延納届の提出があれば2/11まで延納可　⑦web出願へ

桐蔭学園◎
①認める　②可能　③なし　④なし　⑤なし　⑥2/6までに入学金を納入し残額は3/4までに納入　⑦男女共に中学部募集を停止し中等教育学校へ一本化し共学化

東海大学菅生高等学校◎
①認める　②可能　③実施･ある程度考慮する　④なし　⑤未定･その他　⑥なし　⑦なし

東海大学付属浦安高等学校◎
①20分まで　②可能　③なし　④なし　⑤なし　⑥A･B試験では延納制度あり

東海大学付属相模高等学校◎
①15分まで　②可能　③実施･参考程度　④なし　⑤なし

東海大学付属高輪台高等学校◎
①認める　②可能　③なし　④なし　⑤予定･電話

東京家政学院○
①15分まで　②可能　③なし　④なし　⑤未定･電話　⑥2/1合格者が2/2正午までに手続し2/2午後のチャレンジ入試で特待資格を得た場合のみ納入金を返還　⑦得意２･３･４科目選択入試、適性検査型入試B、得意１科目入試、アクティブラーニング入試を新設

東京家政大学附属女子○
①25分まで　②可能　③なし　④なし　⑤未定･電話　⑥なし　⑦特別進学クラス（ECLASS）入試を開始

東京純心女子○
①10分まで　②可能　③2/3タラント発見･発掘入試のみ実施･かなり重視する　④なし　⑤予定･電話　⑥なし　⑦タラント発見･発掘型入試2/3午後へ　募集定員変更午後入試25名ずつ、午前入試（私立型･適性検査型）20名ずつ、タラント発見･発掘入試10名

東京女学館○
①20分まで（午後入試は１時間遅れての開始教室あり）　②可能　③なし　④なし　⑤予定･電話　⑥2/9　11:00までに辞退届提出により納入金（入学金290,000円）全額を返還　⑦なし

東京女子学園○
①約50分まで（午前入試は公共交通機関が遅延の場合のみ･午後入試は条件なし）　②可能　③なし　④なし　⑤なし　⑥2/11までに入学金納入により2/27まで施設設備費等延納可

東京成徳大学◎
①30分まで　②可能　③なし　④なし　⑤なし　⑥2/10正午までに辞退を申し出た場合施設費98,000円を返還　⑦なし

東京成徳大学深谷◎
①10分まで　②可能　③後期入試（第４回）のみ実施･かなり重視する　④ある･基準点は非公表　⑤なし　⑥なし　⑦適性型（作文･面接）を後期入試（第４回）のみ実施へ

東京電機大学◎
①30分まで　②可能　③なし　④ある･基準点は非公表　⑤予定･電話　⑥なし　⑦なし

東京都市大学等々力◎
①20分まで　②可能　③なし　④なし　⑤未定

東京都市大学付属●
①15分まで　②可能　③なし　④なし　⑤未定（手続状況により繰り上げ合格を出す場合あり）･行う場合電話　⑥なし（手続時は入学金の一部50,000円を納入、残額は入学後）　⑦一般･グローバル入試の出願開始1/10からへ　窓口出願は1/6帰国生入試と2/6一般入試４回のみへ　特別奨学金制度導入

東京農業大学第一◎
①認める（試験時間の延長はしない）　②可能　③なし　④なし　⑤未定　⑥なし　⑦なし

東京農業大学第三高等学校附属◎
①認める　②可能　③なし　④なし　⑤なし　⑥なし　⑦第２回入試に「総合理科」に加え「ことば力」を新設（どちらかを選択し受験）　第４回入試日程変更→1/26

東京立正◎
①事由により１時間程度認める　②可能　③実施･かなり重視する　④４割程度　⑤なし･行う場合インターネット　⑥公立中高一貫校受検者は公立校の発表日まで延納可　⑦なし

桐光学園□
①認める　②可能　③なし　④なし　⑤なし　⑥なし　⑦なし

東星学園◎
①20分まで　②状況により対応　③実施･かなり重視する　④なし　⑤なし　⑥3/28　16:00までに所定の書式で辞退した場合施設設備費150,000円を返還　⑦web出願へ

桐朋●
①15分まで　②可能　③なし　④なし　⑤予定･電話　⑥2/7までに辞退手続を行った場合建設資金130,000円を返還　⑦出願は全てweb出願へ

桐朋女子○
①午後入試は状況により対応　②感染症の疑いがある場合可能　③口頭試問を実施･かなり重視する　④ある　⑤未定　⑥論理的思考力＆発想力入試は公立中高一貫校受検者に限り延納可　⑦Creative English入試新設　B入試変更あり（４科→２科･４科選択　入試日2/3午前→2/2午後）

東邦大学付属東邦◎
①認める（時間は事由に応じて対応する）　②可能　③なし　④なし　⑤予定･電話　⑥1/21前期入試において分納･延納制度あり　⑦帰国生入試英語選択型の新設

東洋英和女学院○
①受付終了後20分まで　②可能　③実施･参考程度　④なし　⑤予定･電話　⑥なし　⑦B日程2/2へ

東洋大学京北◎
①20分まで　②可能　③なし　④１割程度　⑤なし　⑥国公立中高一貫校併願者は2/12まで延納可　⑦なし

東洋大学附属牛久◎
①20分まで　②可能　③実施･参考程度　④なし　⑤なし　⑥第１回一般入試合格者は書類提出により延納可　⑦全ての試験で面接を実施

藤嶺学園藤沢●
①10分まで　②可能　③なし　④なし　⑤予定･電話　⑥分納可　各回の手続締切日までに入学金のうち100,000円納入し残額300,000円は2/8までに納入　⑦第４回入試を２科目選択型へ

トキワ松学園○
①45分まで　②可能（試験中に体調不良となった場合）　③なし　④なし　⑤予定･電話　⑥3/30までに辞退の場合施設設備費を返還　⑦英語コミュニケーション入試日程変更2/1午後へ

豊島岡女子学園○
①20分まで　②可能　③なし　④なし　⑤予定･掲示とインターネットで繰り上げ合格候補者を発表後合格者へは電話連絡　⑥なし　⑦なし

獨協●
①認める　②可能　③なし　④なし　⑤予定･電話　⑥なし　⑦なし

獨協埼玉◎
①15分まで　②可能　③なし　④なし　⑤なし　⑥延納可　⑦大宮会場の会場を変更

ドルトン東京学園◎
①原則認めない（交通遅延は認める）　②可能　③一部の入試型で実施･比重は非公表　④非公表　⑤未定　⑥なし

ナ

中村○
①60分まで　②可能　③なし　④なし　⑤予定･電話　⑥2/13までに辞退すれば入学金･入会金等･制服･学校指定用品一式の金額を返還　⑦2/1一般入試2科4科選択→4科から2科を自由選択へ　2/2一般入試は国算より１科を選択　特待生入試４科→２科へ　適性検査型入試両国型に加え白鷗型を追加　英語ポテンシャル入試→グローバル入試へ

西大和学園□
①20分まで　②可能　③なし　④なし　⑤未定･発表方法は非公表　⑥札幌･東京･岡山･広島･福岡･シンガポール会場入試で延納制度あり　⑦なし

二松學舍大学附属柏◎
①認める（要連絡･時間は状況により対応する）　②可能　③12/1第一志望入試のみ実施･かなり重視する　④なし　⑤なし　⑥指定期日までに手続猶予願提出により延納可（第１回･第２回は1/27まで　第３回･第４回は1/30まで）　⑦一般第５回入試を国算の２科に変更　英語の試験時間を40分へ

武南◎
①20分まで　②可能　③実施・ある程度考慮する　④なし　⑤予定・電話　⑥なし　⑦適性検査型入試実施　特待生制度導入

普連土学園○
①30分まで（2/1午後算数１科目入試のみ20分まで）　②可能　③なし　④なし　⑤予定・電話　⑥入学金300,000円のうち200,000円を手続締切日までに納入すれば残額を2/8まで延納可　⑦2/1午後算数１科目入試を新設

文化学園大学杉並◎
①認めない　②可能　③なし　④なし　⑤予定・電話

文京学院大学女子○
①30分まで（要連絡）　②可能　③なし　④なし　⑤予定・電話　⑥なし　⑦インタラクティブ英語入試実施予定

文教大学付属◎
①10分まで　②可能　③なし　④なし　⑤なし　⑥なし　⑦特待生制度変更あり（入学金免除・１年間の授業料を給付へ）

法政大学◎
①20分まで　②非公表　③なし　④なし　⑤予定・掲示とインターネット併用　⑥なし　⑦なし

法政大学第二◎
①20分まで　②可能　③なし　④なし　⑤未定・行う場合電話　⑥3/30までに手続をすれば入学手続金350,000円のうち入学時教育充実費50,000円を返還

宝仙学園理数インター◎
①認める（時間は状況により対応※要相談）　②可能　③なし　④なし　⑤なし　⑥なし　⑦変更あり（新４科入試・トリプルＡ入試・４科入試2/3なし）

星野学園◎
①認める（状況をみて判断）　②可能　③なし　④なし　⑤なし　⑥2/6まで延納可　⑦理数選択入試第１回・第２回に各教科で記述・途中式を求める問題を１題出題　大宮試験会場変更→大宮西口TKPカンファレンスセンター　本校会場のみ当日出願時間を変更

細田学園◎
①20分まで　②可能　③なし　④なし　⑤予定・希望者に登録してもらい登録者のなかから順番に電話連絡

本郷●
①20分まで　②可能　③なし　④なし（ただし１科目でも０点があれば不合格）　⑤予定・電話　⑥なし　⑦入学金の支払い方法変更（銀行→web）

本庄第一◎
①20分まで　②可能（要相談）　③なし　④なし　⑤未定　⑥なし　⑦なし

本庄東高等学校附属◎
①15分まで　②なし　③なし　④なし　⑤予定・電話　⑥他校と併願している場合延納願提出により第３回の手続締切日まで延納可

マ

聖園女学院○
①20分まで　②可能　③実施・まったく合否には関係しない　④なし　⑤予定・電話　⑥なし（施設設備費は４月に納付）　⑦出題内容変更あり国語→これまでよりも書く分量を増やした記述問題を入れる　算数→出題数を調節し計算問題に重点をおく。途中式を書かせる問題を取り入れ途中式も採点の対象とする　総合力Ⅰ・Ⅱを一本化し論述は１題へ

三田国際学園◎
①20分まで　②可能　③英語入試のみ実施・ある程度考慮する　④なし　⑤未定　⑥なし　⑦メディカルサイエンステクノロジークラス（MST）新設に伴い2/3第４回（MST）を実施（算・理）　2/1第２回（本科クラス）入試科目４科→算数１科へ

緑ヶ丘女子○
①30分まで　②可能　③なし　④なし　⑤なし　⑥なし（施設費納入は入学後）

三輪田学園○
①15分まで　②可能　③なし　④なし　⑤予定・電話　⑥なし　⑦出願開始1/10へ　募集定員変更2/1午前70名、2/1午後30名、2/2 50名、2/3 20名

武蔵●
①個別に判断　②状況により判断　③なし　④非公表　⑤予定・電話

武蔵野◎
①試験終了まで　②可能　③実施・ある程度考慮する　④なし　⑤なし　⑥都立中高一貫校受検者は2/12まで延納可　⑦2/2午前アクティブ入試追加（国算から１科目選択・アクティブシートを記入しそれをもとに面接）

武蔵野大学◎
①25分まで　②可能　③なし　④なし　⑤未定　⑥公立中高一貫校受検者のみ延納可　⑦2/1午前に適性型入試を実施　2019年より校名変更（現：武蔵野女子学院）・中学共学化（高校は2020年度より共学化）

日本学園●
①30分まで　②可能　③なし　④なし　⑤なし　⑦2/1午後の国語＋１科目入試で、１科目入試の選択科目に英語を追加（算英社理から１科目選択）　2/4午後は国語＋１科目入試（算社理から１科目選択）

日本工業大学駒場◎
①30分まで　②可能　③なし　④非公表　⑤予定・電話　⑦試験時間変更→学科試験全科目45分100点満点で実施・自己アピール入試の作文も45分で実施　入試日程追加2/5第６回・2/7特別選抜回と合わせて全７回へ　2/7特別選抜回に１科目選択型入試を導入（国算のうち１科目選択60分100点満点）

日本女子大学附属○
①50分まで　②可能　③実施・参考程度　④なし　⑤予定・電話　⑥辞退の場合施設設備を返還　⑦web出願導入

日本大学◎
①20分まで　②可能　③なし　④なし　⑤未定　⑥帰国生入試は分納可　⑦A-２入試科目変更あり（国算→国または英・算）

日本大学第一◎
①認める　②可能　③なし　④なし　⑤未定

日本大学第三◎
①10分まで　②可能　③なし　④なし　⑤予定・電話　⑥なし　⑦なし

日本大学第二◎
①20分まで　②可能　③なし　④なし　⑤予定・掲示とインターネット併用　⑥2/8正午までに辞退を申し出た場合手続時延納金436,000円のうち186,000円を返還　⑦なし

日本大学豊山●
①20分まで　②可能　③なし　④なし　⑤予定・電話

日本大学豊山女子○
①30分まで　②可能　③なし　④なし　⑤予定・電話　⑦思考力型入試→思考力（プレゼン）型入試

日本大学藤沢◎
①認める（時間の制限なし）　②可能　③なし　④未定　⑤なし　⑥なし　⑦なし

ハ

函館白百合学園○
①30分まで　②可能　③本校入試のみ実施・ある程度考慮する　④なし　⑤なし　⑥首都圏入試のみ分納可（1/21までに40,000円納入→2/6までに残額60,000円納入）　⑦なし

函館ラ・サール●
①30分まで　②可能　③なし　④なし　⑤予定・電話　⑥第１回のみ1/15までに延納手続金50,000円納入により残額を2/1まで延納可　⑦なし

八王子学園八王子◎
①20分まで　②可能　③なし　④なし　⑤なし　⑦なし

八王子実践◎
①20分まで　②可能　③実施・ある程度考慮する　④なし　⑤なし　⑥公立中高一貫校受検者は延納可　⑦２科入試廃止→適性検査型入試・自己表現入試・英語入試

日出学園◎
①認める　②可能　③実施・ある程度考慮する　④なし　⑤なし　⑥Ⅰ・Ⅱ期入試は150,000円で延納可　⑦なし

広尾学園◎
①30分まで　②可能　③なし　④なし　⑤なし

フェリス女学院○
①認める　②可能　③実施・参考程度　④なし　⑤未定・電話　⑥所定の辞退手続により納入金の一部を返還　⑦web出願へ

富士見○
①認める　②可能　③なし　④なし　⑤予定・掲示とインターネット併用　⑥辞退連絡により設備費・PTA入会金・生徒会入会金の計52,000円を返還（締切設定あり）　⑦海外帰国子女入試（国算２科＋親子面接）を実施

富士見丘○
①20分まで　②可能　③なし　④なし　⑤予定・インターネット　⑥なし　⑦なし

藤村女子○
①認める（事前連絡で理由等を確認のうえ判断）　②可能　③なし　④なし　⑤なし　⑥なし　⑦web出願へ　2/1午前入試に１科入試（国算英より選択）を実施　2/2午前に適性検査入試を追加　2/6入試を廃止

武相●
①認めない　②可能　③実施・ある程度考慮する　④ある　⑤なし　⑦１教科＋面接型を導入

雙葉○
①認めない　②事情により対応　③実施・参考程度　④非公表　⑤未定・行う場合電話　⑥なし

横浜創英◎
①10分まで　②可能　③なし　④なし　⑤未定　⑥適性検査型入試では公立中高一貫校受検者のみ延納届提出により延納可　⑦適性検査型入試導入　web出願導入

横浜隼人◎
①20分まで　②可能　③なし　④なし　⑤未定　⑥なし　⑦特待生制度導入　自己アピール入試新設

横浜富士見丘学園○
①20分まで　②可能　③なし　④なし　⑤なし　⑥なし　⑦web出願へ　2/1午後第２回に算数１科入試を導入　2/4午前第５回を２科・４科選択から２科のみに変更

横浜雙葉○
①認める　②可能　③実施・参考程度　④なし　⑤予定・電話　⑥辞退の場合施設設備資金を返還　⑦なし

ラ

立教池袋●
①校長判断による　②可能　③第２回のみ実施・かなり重視する　④なし　⑤予定・インターネット　⑥所定の期限までに辞退を申し出た場合維持資金の一部(100,000円)を返還　⑦web出願導入　第２回の自己アピール会場に英語教室を追加

立教女学院○
②可能　③実施・まったく合否には関係しない　④なし　⑤予定・電話　⑥2/7正午までに所定の辞退手続を完了すれば納入金の一部を返還

立教新座●
①認める　②可能　③なし　④なし　⑤予定・インターネットと電話　⑥期限までに辞退を申し出た場合入学納入金のうち維持資金を返還　⑦なし

立正大学付属立正◎
①20分まで　②可能　③なし　④なし　⑤なし・行う場合掲示とインターネット併用　⑦適性検査型入試でも中高一貫６カ年特待の対象へ　英語入試で英語１科目受験可へ(２科・４科・英語１科から選択)

麗澤○
①20分まで　②可能　③なし　④なし　⑤なし　⑥都内公立中高一貫校受検者は公立校合格発表の翌日まで延納可　⑦日程変更第２回1/25→1/24　回次新設1/27午後第３回入試AE若干名・EE15　日程変更2/3第３回→2/4午後第４回　募集定員変更第１回AE20名→15名・EE50名→45名(うち国算社理42名・国算英3名)　第２回AE10名→15名・EE40名→35名(うち国算社理33名・国算英2名)　第３回AE0名→若干名・EE0名→15名　第４回AE0名→若干名・EE20名→15名

ワ

早稲田●
①25分まで　②可能　③なし　④なし　⑤未定　⑥辞退の場合学費返還可　⑦なし

早稲田実業学校◎
①20分まで　②可能　③なし　④なし　⑤なし　⑥辞退届提出により入学手続金の一部(施設設備資金相当)を返還

早稲田摂陵◎
①20分まで　②可能　③なし　④なし　⑤なし　⑥なし　⑦なし

早稲田大学高等学院●
①認める(時間は事情により異なる)　②別室受験が可能　③実施　⑤未定　⑥辞退の場合は所定の手続により学費・諸会費(春学期分)を返還

和洋九段女子○
①20分まで　②可能　③なし　④なし　⑤予定・電話　⑥なし　⑦英語コミュニケーション入試とPBL型入試を導入

和洋国府台女子○
①15分まで　②可能　③なし　④非公表　⑤なし　⑥適性検査型受験者のみ延納措置をとる場合あり　⑦試験開始時間変更

マ

武蔵野東◎
①20分まで　②可能　③実施・AO入試と未来探究型入試はかなり重視するそれ以外はある程度考慮する　④ある　⑤予定・電話　⑥3/31までに辞退の場合施設設備費を返還　特待ランクの変更により入学金を返還　⑦特待チャレンジ入試を設定(一般合格なし・特待合格のみ)　イングリッシュエキスパート入試(英・算・英グループ面接)、とくい２科入試(４科から２科を選択、ただし理・社は×)を新設　未来探究型入試３回設置(2/1・2/4・2/11)

茗溪学園◎
①10分まで　②可能　③なし　④非公表　⑤予定・電話　⑥一般受験の場合延納手続により2/4まで延納可　⑦英語資格入試導入(12月・１月の２回　学校が設定する英語資格取得者は国算の２教科で受験可能)

明治学院◎
①認める　②可能　③なし　④３割程度　⑤未定・行う場合郵送　⑥なし　⑦手続方法変更あり

明治大学付属中野●
①状況により対応　②可能　③なし　④なし　⑤予定・電話　⑥なし　⑦入学金のインターネット支払い可能へ

明治大学付属中野八王子◎
①30分まで　②可能　③なし　④なし　⑤未定・電話　⑥なし　⑦なし

明治大学付属明治◎
①30分まで　②可能　③なし　④なし　⑤予定・電話　⑥入学金以外の諸費用について延納制度あり

明星◎
①15分まで　②可能　③実施・参考程度　⑤未定・行う場合掲示とインターネット併用　⑦変更点あり(詳細は学校説明会で発表)

明法●
①１時間目終了まで　②可能　③なし　④なし　⑤なし　⑥帰国生入試のみ延納可　⑦自己アピール入試開始(基礎算数・作文・自己アピール)

目黒学院◎
①30分まで　②可能　③なし　④２割程度　⑤なし　⑥３月中の辞退者には全額返還

目黒星美学園○
①認める　②可能　③なし　④なし　⑤未定

目黒日本大学◎
①認める(時間はとくに定めていない)　②なし　③なし　④なし　⑤未定・行う場合掲示とインターネット併用　⑦算数１科入試を導入

目白研心◎
①15分まで　②可能　③英語スピーチ入試はあり・かなり重視する　④なし　⑤なし　⑦次世代スキル入試(適性検査対応型入試)導入

森村学園◎
①20分まで　②別室受験可能　③なし　④なし　⑤なし　⑦合格発表webのみへ(掲示を廃止)

ヤ

八雲学園○
①認める(時間は個別に対応)　②可能　③なし　④なし　⑤なし　⑦web出願へ(1/10　9:00からの開始に先駆け12/20から受験生の登録が可能へ　ただし受験票の発行は出願開始から)

安田学園◎
①20分まで　②可能　③なし　④なし　⑤なし　⑥なし(手続締切2/10)

山手学院◎
①15分まで　②可能　③なし　④なし　⑤予定・電話

山脇学園○
①20分まで　②可能　③なし　④なし　⑤予定・電話　⑥2/6　15:00までに入学辞退届を提出し入学許可書を返却すれば学園維持整備費を返還　⑦2/1午後に国・算１科午後入試を新設

横須賀学院◎
①認める　②可能　③なし　④ある・30点以下は答案を精査する　⑤なし　⑥なし　⑦英語入試名称変更→英語資格入試へ

横浜●
①10分まで　②可能　③なし　④なし　⑤予定・電話　⑥適性検査型入試のみ手続き期限を長く設定　辞退の場合施設費200,000円を返還　⑦作文入試導入(適性検査型)

横浜共立学園○
①認めない　②状況により対応　③実施・比重は非公表　④非公表　⑤未定・電話　⑥施設設備資金延納可・辞退の場合は返還も可　⑦なし

横浜女学院○
①20分まで　②可能　③なし　④６割程度　⑤未定　⑥なし　⑦なし

横浜翠陵◎
①非公表　②可能　③なし　④なし　⑤なし　⑦web出願へ

2018年 11月10日(土) ▶ 2019年 1月29日(火)

まだまだいっぱいある

私立中学校説明会

●男子校
○女子校
◎共学校
□別学校

データ提供：森上教育研究所

原則的に受験生と保護者対象のイベントを掲載しています。保護者または受験生のみが対象の場合はそれぞれ「保護者」「受験生」と記載しています。対象学年についての詳細は各中学校にご確認ください。
※日程や時間などが変更になる場合やすでに予約の締め切り日が過ぎている場合もあります。おでかけの際にはかならず各中学校にご確認ください。
※寮のある学校については、首都圏で開催の説明会のみ掲載しています。

学校名	行事内容	開催日	開始時間	予約	備考
○浦和明の星女子	学校説明会	11月10日（土）	13:30	不	
		12月８日（土）	9:30	不	
◎浦和実業学園	学校説明会	11月11日（日）	10:00	要	
		11月25日（日）	10:00	要	
	プレミアムフライデーミニ説明会	11月30日（金）	18:00	要	
	入試問題学習会	12月９日（日）	10:00	要	６年生
		12月15日（土）	14:30	要	６年生
	午後のミニ説明会	12月24日（月）	14:00	要	
	トワイライトミニ説明会	12月25日（火）	18:20	要	
	午前のミニ説明会	１月５日（土）	10:00	要	
●栄光学園	学校説明会	11月26日（月）	10:00	要	
		12月８日（土）	14:00	要	
◎穎明館	学校説明会	11月17日（土）	10:00	不	
		12月１日（土）	10:00	不	
		１月12日（土）	10:00	不	
◎江戸川学園取手	入試説明会	11月17日（土）	9:30	不	
○江戸川女子	学校説明会	11月10日（土）	10:00	要	
		12月１日（土）	10:00	要	
	入試問題説明会	12月15日（土）	14:00	要	
○桜蔭	学校説明会	11月10日（土）	9:30	要	５、６年生
		11月17日（土）	9:30	要	５、６年生
◎桜美林	学校説明会	11月17日（土）	14:00	要	
	入試説明会	12月15日（土）	10:00	要	
	総合学力評価プレテスト（適性検査型入試）	12月16日（日）	10:00	要	
	クリスマスキャロリング	12月21日（金）	16:00		
	入試説明会	１月12日（土）	14:00	要	
○鷗友学園女子	学校説明会	11月16日（金）	10:00	要	
		12月８日（土）	10:00	要	
	入試対策講座	12月16日（日）	10:00	要	６年生
		12月16日（日）	13:30	要	６年生
○大妻	オープンスクール	11月10日（土）	14:00	要	１～５年生
	ナイト（夜）入試説明会	11月28日（水）	18:30	要	保護者（６年生）
	入試説明会	12月１日（土）	14:00	要	６年生、大妻講堂
	学校説明会	12月16日（日）	10:30	要	大妻講堂
○大妻多摩	中学生活体験日	11月10日（土）	10:00	要	
	入試模擬体験	11月23日（金）	9:00	要	６年生
		１月６日（日）	9:00	要	６年生
	合唱祭	１月25日（金）	11:45	要	パルテノン多摩
○大妻中野	アドバンスト入試説明会	11月10日（土）	10:15	不	
	アフターアワーズ学校説明会	11月22日（木）	19:00	不	

学校名	行事内容	開催日	開始時間	予約	備考
㋐ ◎青山学院	中等部祭	11月10日（土）	10:30	不	
		11月11日（日）	12:30	不	
◎青山学院横浜英和	モーニングティーツアー	11月21日（水）	9:00	要	保護者（５、６年生）
	学校説明会	12月８日（土）	9:00	要	６年生
		12月８日（土）	11:00	要	６年生
●足立学園	小６入試体験会	11月18日（日）	8:30	要	６年生
	ナイト説明会	11月21日（水）	18:00	要	４～６年生
	入試説明会	12月１日（土）	10:00	要	４～６年生
	小６入試直前対策	１月19日（土）	14:00	要	６年生
○跡見学園	クラブ発表・見学会	11月10日（土）	14:00	要	
	授業見学会	11月10日（土）	11:30	不	
	入試体験会	11月18日（日）		要	
	入試説明会	12月１日（土）	13:00	要	
		１月12日（土）	13:00	要	
	ナイト説明会	１月18日（金）	18:30	要	
◎アレセイア湘南	学校説明会	11月10日（土）	10:00	要	４～６年生
	入試体験	11月10日（土）	10:00	要	受験生（６年生）
	スクールガイド	12月８日（土）	10:00	要	４～６年生
		12月８日（土）	11:00	要	４～６年生
	パイプオルガンコンサート	12月８日（土）	13:30	不	
	学校説明会	１月12日（土）	10:00	要	４～６年生
	スクールガイド	１月19日（土）	10:00	要	４～６年生
		１月19日（土）	11:00	要	４～６年生
◎郁文館	公開授業＆学食試食体験会	11月10日（土）	11:30	要	
	理事長による学校説明会	11月10日（土）	14:00	要	
	学校説明会	11月17日（土）	14:00	要	
		11月20日（火）	18:00	要	
	理事長による学校説明会	12月１日（土）	14:00	要	
	学校説明会	12月15日（土）	14:00	要	
		12月22日（土）	10:00	要	
		１月５日（土）	14:00	要	
		１月19日（土）	14:00	要	
		１月26日（土）	14:00	要	
◎茨城キリスト教学園	クリスマス礼拝	12月８日（土）	9:30	不	
◎上野学園	総合演奏会	11月17日（土）	11:00		
	入試体験（２科適性）	11月24日（土）	14:00	要	
	学校説明会	12月８日（土）	10:00	要	
		１月12日（土）	10:00	要	
	中３　ひとり一つの楽器　発表会	１月26日（土）	午後	不	
○浦和明の星女子	学校説明会	11月10日（土）	9:30	不	

学校名	行事内容	開催日	開始時間	予約	備考
◎関東学院	キャンドルライトサービス	12月22日（土）	17:00	不	
	はじめての方対象説明会	1月14日（月）	10:00	要	6年生
◎関東学院六浦	6年生のための勉強会（4教科）	11月10日（土）	8:50	要	6年生
	初めての方向け説明会	11月10日（土）	9:20	不	初めての方
	学校説明会	11月10日（土）	10:00	不	
	6年生のための勉強会（2教科）	11月10日（土）	10:00	要	6年生
	入試説明会	12月1日（土）	10:00	不	
		12月22日（土）	10:00	不	
	直前説明会	1月12日（土）	10:00	不	
		1月19日（土）	10:00	不	
○函嶺白百合学園	入試説明会	11月10日（土）	10:00	不	
	ミニ説明会	12月1日（土）	11:00	要	
	クリスマス会＆入試個別相談会	12月18日（火）	10:00	要	
	入試個別相談会	1月12日（土）	13:00	要	
	ミニ説明会	1月19日（土）	11:00	要	
○北鎌倉女子学園	入試過去問題学習会	11月17日（土）	9:30	要	受験生（6年生）
	定期演奏会	11月17日（土）	13:30	不	
	個別相談会	12月1日（土）	9:00	不	
	入試実技試演会	12月8日（土）	9:10	要	受験生（6年生）
	ミニ説明会	12月15日（土）	10:00	要	
		1月12日（土）	10:00	要	
○北豊島	授業見学週間	11月12日（月）～11月17日（土）	8:30	要	
	学校説明会	11月25日（日）	10:00	要	
	ギター発表会・合唱コンクール	12月1日（土）	8:30	要	
	授業見学週間	12月3日（月）～12月8日（土）	8:30	要	
	特別奨学生セミナー	12月9日（日）	9:00	要	6年生
	入試説明会	12月16日（日）	10:00	要	
		12月22日（土）	14:00	要	
○吉祥女子	学校説明会	11月18日（日）	11:30	不	6年生
		11月21日（水）	10:30	不	保護者（1～5年生）
	入試問題説明会	12月2日（日）	10:30	不	6年生
		12月2日（日）	14:00	不	6年生
◎共栄学園	秋の見学会	11月23日（金）	10:00	不	
		11月23日（金）	11:00	不	
		11月23日（金）	13:00	不	
		11月23日（金）	14:00	不	
		11月24日（土）	10:00	不	
		11月24日（土）	11:00	不	
		11月24日（土）	13:00	不	
		11月24日（土）	14:00	不	
	模擬入試・説明会	11月25日（日）	9:30	不	
	秋の見学会	12月1日（土）	10:00	不	
		12月1日（土）	11:00	不	
		12月1日（土）	13:00	不	
		12月1日（土）	14:00	不	
		12月2日（日）	10:00	不	
		12月2日（日）	11:00	不	
		12月2日（日）	13:00	不	
		12月2日（日）	14:00	不	
	模擬入試・説明会	12月16日（日）	9:30	不	
◎暁星国際	学校説明会	12月8日（土）	9:10	要	
○共立女子	入試問題説明会	11月10日（土）	14:00	要	
	チャレンジ企画	11月11日（日）	14:00	要	
	入試問題説明会	11月23日（金）	9:30	要	
		11月23日（金）	13:30	要	
		12月7日（金）	18:00	要	
	オープンキャンパス	12月16日（日）	8:30	要	受験生（4、5年生）

学校名	行事内容	開催日	開始時間	予約	備考
ア ○大妻中野	オープンデイ	11月25日（日）	10:45	不	
	グローバル入試説明会	12月15日（土）	10:15	要	
	新思考力入試説明会	12月15日（土）	10:15	要	
	アドバンスト入試説明会（体験付）	1月6日（日）	9:30	要	
◎大宮開成	学校説明会	11月13日（火）	10:00		
	入試対策会	11月23日（金）	9:00	要	
	学校説明会	12月8日（土）	10:00		
○小野学園女子	個別相談会	11月10日（土）	12:40	要	
	入試答案練習会	11月25日（日）	9:00	要	
	学校説明会	1月12日（土）	10:00	要	
	入試直前ワンポイントアドバイス	1月12日（土）	10:00	要	
カ ◎開智	入試問題説明会	12月1日（土）	14:00		
◎開智日本橋学園	学校説明会	11月17日（土）	10:00	要	
		12月23日（日）	10:00	要	
		1月12日（土）	10:00	要	
◎開智未来	4教科入試対策講座	11月23日（金）	9:30	要	6年生
	探究型演習・説明会	12月15日（土）	10:00	要	6年生
	4教科入試対策講座	12月23日（日）	9:30	要	6年生
◎かえつ有明	学校説明会	11月10日（土）	10:00	要	
	入試体験会	12月8日（土）	8:30	要	
	学校説明会	1月16日（水）	10:00	要	
●学習院	入試説明会	11月17日（土）	14:00	不	
○学習院女子	学校説明会	11月24日（土）	14:00	不	1～5年生、学習院女子大学やわらぎホール他
		11月24日（土）	15:30	不	1～5年生、学習院女子大学やわらぎホール他
◎春日部共栄	学校説明会	11月24日（土）	10:00	不	
		12月8日（土）	10:00	不	
		12月16日（日）	10:00	不	4、5年生
○神奈川学園	学校説明会	11月17日（土）	10:30	不	
	入試問題体験会	12月15日（土）	8:30	要	6年生
	学校説明会	12月21日（金）	19:00	要	
		1月12日（土）	10:30	要	
◎神奈川大学附属	学校見学会	11月10日（土）	11:00	要	
	入試説明会	11月15日（木）	10:45	要	
	学校見学会	11月17日（土）	11:00	要	
	入試説明会	12月8日（土）	10:45	要	
	学校見学会	12月24日（月）	11:00	要	
		12月25日（火）	11:00	要	
		1月12日（土）	11:00	要	
		1月19日（土）	11:00	要	
●鎌倉学園	入試説明会	11月10日（土）	13:00	要	
		12月1日（土）	10:00	要	
	中学入試に向けて	12月16日（日）	10:00	要	6年生
○鎌倉女学院	学校説明会	11月17日（土）	10:00	不	
○鎌倉女子大学	学校説明会	11月17日（土）	10:00	不	
	入試対策会	12月8日（土）	10:00	不	
		1月12日（土）	10:00	不	
○カリタス女子	入試説明会	11月23日（金）	9:30	要	保護者
		11月23日（金）	14:00	要	保護者
	入試過去問題説明会	11月23日（金）	9:30	要	受験生
		11月23日（金）	14:00	要	受験生
	カリタス見学会	12月8日（土）	10:00	要	
	カリタスDEナイト	12月19日（水）	18:00	要	
○川村	鶴友祭	11月10日（土）	10:00	要	
		11月11日（日）	10:00	要	
◎関東学院	ミニ説明会	11月16日（金）	10:00	要	5、6年生
		11月20日（火）	10:00	要	5、6年生
	過去問題勉強会	12月1日（土）	9:30	要	受験生（6年生）
	入試説明会	12月1日（土）	9:30	不	6年生
	過去問題勉強会	12月1日（土）	13:30	要	受験生（6年生）
	入試説明会	12月1日（土）	13:30	不	6年生

学校名	行事内容	開催日	開始時間	予約	備考
○恵泉女学園	入試説明会	11月23日（金）	10:30	要	
		11月23日（金）	14:00	要	
		12月４日（火）	10:00	要	保護者
	学校説明会	12月15日（土）	10:00	要	
	クリスマス礼拝	12月19日（水）	13:00	要	
	入試説明会	１月10日（木）	10:00	要	保護者
◎啓明学園	学校説明会	11月17日（土）	14:00	要	
	個別相談会	12月１日（土）	14:00	要	
		12月８日（土）	14:00	要	
	学校説明会	１月12日（土）	14:00	要	
○光塩女子学院	学校説明会	11月17日（土）	14:00	不	
	過去問説明会	12月１日（土）	14:00	要	６年生
	校内見学会	１月12日（土）	10:30	要	６年生
		１月26日（土）	10:30	要	６年生
○晃華学園	学校説明会	11月23日（金）	10:00	要	１～５年生
	入試説明会	11月23日（金）	10:00	要	６年生
	学校見学会	12月22日（土）	10:00	要	
		１月12日（土）	10:00	要	
◎工学院大学附属	学校説明会	11月23日（金）	10:00	要	
	クリスマス説明会＆相談会、吹奏楽部クリスマスコンサート	12月25日（火）	10:00	要	
	入試対策説明会	１月12日（土）	14:00	要	
●攻玉社	オープンスクール	11月17日（土）	13:30	要	
	土曜説明会	11月24日（土）	11:00	要	
	入試説明会	12月１日（土）	10:20	不	６年生
		１月12日（土）	10:20	不	６年生
○麹町学園女子	学校説明会	11月10日（土）	10:30	要	
	入試問題チャレンジ&授業体験	11月25日（日）	9:00	要	
	入試説明会&入試模擬体験	12月９日（日）	9:00	要	
		12月16日（日）	9:00	要	
	学習アドバイスの会	12月23日（日）	9:00	要	
	クリスマスパーティ	12月25日（火）	9:30	要	
	入試直前！学校説明会	１月10日（木）	10:30		
		１月20日（日）	10:30		
		１月26日（土）	10:30		
●佼成学園	適性検査型学校説明会	11月18日（日）	9:30	要	
	学校説明会・入試問題解説会	11月25日（日）	10:00	要	
	適性検査型学校説明会	12月９日（日）	9:30	要	
	学校説明会・入試問題解説会	12月16日（日）	10:00	要	
	学校説明会・入試体験会	１月13日（日）	10:00	要	
○佼成学園女子	ミニ学校見学会	11月14日（水）	11:00	要	保護者
	学校説明会	12月６日（木）	17:00	要	保護者
		12月９日（日）	14:30	要	
	適性型入試説明会	12月15日（土）	10:30	要	５、６年生
	ミニ学校見学会	１月10日（木）	11:00	要	保護者
	学校説明会	１月12日（土）	10:30	要	
○国府台女子学院	入試説明会	11月17日（土）	10:00	要	６年生
○香蘭女学校	学校説明会	11月17日（土）	14:00	要	
	バザー	11月23日（金）	10:00	不	
	学校説明会	12月22日（土）	14:00	要	６年生
□国学院大学久我山	学校説明会・男子	11月17日（土）	10:30	要	
	学校説明会・女子	11月17日（土）	14:00	要	
	直前講座～入試もぎ体験「４教科、この１問」	12月16日（日）	10:00	要	
	学校説明会・男子	１月12日（土）	9:30	要	
	学校説明会・女子	１月12日（土）	9:30	要	
◎国際学院	プレテスト	11月23日（金）	9:30	要	受験生（5、6年生）
	入試相談会	12月８日（土）	14:00	要	
◎国士舘	入試相談会	11月17日（土）	10:00	要	
	授業体験会	11月17日（土）	11:30	要	
	部活動体験会	11月18日（日）	10:00	要	

学校名	行事内容	開催日	開始時間	予約	備考
○共立女子	チャレンジ企画300字	12月16日（日）	14:00	要	
	チャレンジ企画インタラクティブ	12月16日（日）	14:00	要	
	入試問題説明会	１月12日（土）	10:00	要	
	チャレンジ企画300字	１月12日（土）	14:00	要	
	チャレンジ企画インタラクティブ	１月12日（土）	14:00	要	
○共立女子第二	入試説明会	11月15日（木）	10:30	要	
	説明会+入試問題	12月１日（土）	14:00	要	
	適性検査型入試説明会	12月８日（土）	14:00	要	
	入試説明会+入試体験	12月16日（日）	9:30	要	
	入試説明会	１月12日（土）	10:30	要	
	入試直前個別相談会	１月19日（土）	9:00	要	
◎国立音楽大学附属	夜のミニ説明会	11月16日（金）	19:00	要	
	音中KUNION講座	11月17日（土）	午後	要	受験生（４～６年生）
	個別相談会	12月１日（土）	9:30	要	
	くにたち音楽会合唱	12月11日（火）	14:00		国立音楽大学
	くにたち音楽会ソロ	12月16日（日）	14:00		国立音楽大学
	冬期受験準備講習会	12月26日（水）	8:50	要	受験生（5、6年生）
		12月27日（木）	8:50	要	受験生（5、6年生）
	音中KUNION講座	１月13日（日）	午前	要	受験生（４～６年生）
◎公文国際学園	入試説明会	12月２日（日）	10:00	不	
◎慶應義塾湘南藤沢	文化祭	11月10日（土）			
	学校説明会	11月10日（土）	10:00	不	
		11月10日（土）	12:30	不	
	文化祭	11月11日（日）			
	学校説明会	11月11日（日）	10:00	不	
		11月11日（日）	12:30	不	
◎慶應義塾中等部	学校説明会	11月10日（土）	11:00	不	慶應義塾大学三田キャンパス西校舎ホール
	展覧会	11月10日（土）	12:00	不	
	学校説明会	11月10日（土）	13:30	不	慶應義塾大学三田キャンパス西校舎ホール
	展覧会	11月11日（日）	9:30	不	
	学校説明会	11月11日（日）	11:00	不	慶應義塾大学三田キャンパス西校舎ホール
		11月11日（日）	13:30	不	慶應義塾大学三田キャンパス西校舎ホール
●京華	ナイト説明会	11月16日（金）	18:30	要	
	中学説明会・入試説明会	11月25日（日）	14:00	不	
	適性検査型入試説明会・攻略法解説	11月25日（日）	14:00	不	
	ナイト説明会	12月７日（金）	18:30	要	
	個別相談会	12月16日（日）	10:30	要	
	中学説明会	12月16日（日）	14:30	不	
	入試説明会	12月16日（日）	14:30	不	
	個別相談会	１月６日（日）	9:00	要	
	中学説明会	１月６日（日）	9:00	要	
	入試直前説明会	１月６日（日）	9:00	要	
○京華女子	中学説明会	11月25日（日）	10:30	不	
	入試問題セミナー	12月９日（日）	9:00	要	受験生（６年生）
	中学説明会	12月24日（月）	14:30	要	
	直前ガイダンス+個別相談会	１月13日（日）	10:30		

学校名	行事内容	開催日	開始時間	予約	備考
○品川女子学院	入試ミニ説明会	11月27日（火）	10:00	要	保護者
	これからの中学受験を考えるための説明会	12月１日（土）	10:00	要	保護者
	入試ミニ説明会	12月６日（木）	10:00	要	保護者
	入試説明会　夜の部	12月７日（金）	18:50	要	保護者
	校舎見学・入試ミニ説明会	12月26日（水）	9:40	要	
		12月26日（水）	13:30	要	
		12月27日（木）	9:40	要	
		12月27日（木）	13:30	要	
		１月５日（土）	9:40	要	
		１月５日（土）	13:30	要	
	入試ミニ説明会	１月12日（土）	10:00	要	保護者
	入試説明会	１月15日（火）	10:00	要	保護者
◎芝浦工業大学柏	入試説明会	11月25日（日）	10:00	不	
		12月16日（日）	14:00	不	
●芝浦工業大学附属	中学説明会	11月11日（日）	9:00	要	
		11月11日（日）	13:30	要	
		11月21日（水）	10:00	要	
	小学生おもしろ授業体験	11月24日（土）	13:45	要	５、６年生
	ロボットセミナー全国大会観戦会	11月25日（日）	11:30	要	
	中学説明会	12月２日（日）	9:00	要	
		12月２日（日）	13:30	要	
◎渋谷教育学園渋谷	学校説明会	11月17日（土）	13:30	要	
◎渋谷教育学園幕張	入試説明会	11月10日（土）	14:00	不	
□自由学園	自由学園第31回音楽会	11月20日（火）	18:30	要	東京芸術劇場
	学校説明会（女子部）	11月24日（土）	10:30	要	
	入試対策勉強会（男子部）	11月24日（土）	13:30	要	保護者（６年生）
	入試説明会（女子部）	11月24日（土）	13:30	要	５、６年生
	入試対策勉強会（男子部）	12月８日（土）	13:30	要	保護者（６年生）
	入試説明会勉強会（女子部）	12月23日（日）	10:30	要	５、６年生
	学校説明会（女子部）	１月12日（土）	10:30	要	
	学校説明会（男子部）	１月12日（土）	14:00	要	保護者
◎修徳	学校説明会	11月17日（土）	14:00	不	
		１月６日（日）	14:00	不	
		１月12日（土）	14:00	不	
◎秀明	学校見学会	11月11日（日）	12:00	不	
◎秀明大学学校教師学部附属秀明八千代	学校説明会	11月18日（日）	10:00	要	
		12月22日（土）	10:00	要	
		１月26日（土）	10:00	要	
○十文字	イブニング説明会	11月16日（金）	18:45	要	
	入試体験会	11月18日（日）	10:00	要	
		12月16日（日）	10:00	要	
	個別相談会	12月23日（日）	10:00	要	
		１月７日（月）	10:00	要	
◎淑徳	学校説明会	11月23日（金）	9:30	要	
		12月９日（日）	14:30	要	
	留学コース比較文化発表会	１月26日（土）	午後	要	
◎淑徳巣鴨	入試体験・学校説明会	11月23日（金）	9:00	要	
	学校説明会	12月16日（日）	10:00	要	受験生
	入試対策説明会	１月13日（日）	10:00	要	受験生
		１月13日（日）	14:00	要	受験生
○淑徳与野	学校説明会	11月24日（土）	10:00	不	
		12月13日（木）	13:30	不	
◎順天	学校説明会	11月17日（土）	13:00	要	
	学習成果発表会	11月18日（日）			北とぴあ
	読書感想発表会	11月29日（木）			
	学校説明会	12月15日（土）	13:00	要	
◎松蔭	学校説明会	11月23日（金）	10:00	不	
		12月１日（土）	10:00	不	
カ ◎国士舘	入試体験会	11月24日（土）		要	受験生（６年生）
	入試説明会	11月24日（土）	10:00	要	
	部活動体験会	11月24日（土）	13:00	要	
	入試相談会	12月８日（土）	14:00	要	
		12月15日（土）	14:00	要	
	入試説明会	１月12日（土）	14:00	要	
◎駒込	個別相談会	11月10日（土）	9:00	要	
	入試説明会	11月17日（土）	14:30	要	
	個別相談会	11月18日（日）	9:00	不	
	合唱コンクール	11月21日（水）			川口リリアホール
	個別相談会	11月24日（土）	9:00	不	
		12月１日（土）	9:00	要	
		12月８日（土）	9:00	不	
	入試説明会	12月16日（日）	10:00	要	
		12月16日（日）	14:00	要	
	個別相談期間	１月５日（土）～入試日前日	9:00	要	
	入試説明会	１月13日（日）	10:00	要	
○駒沢学園女子	学校見学会	11月17日（土）	10:30	要	受験生（５、６年生）
	学校説明会	11月23日（金）	10:00	不	
	Komajoゼミ	11月23日（金）	10:30	要	受験生（５、６年生）
	入試シミュレーション	12月15日（土）	8:30	要	受験生（６年生）
	入試説明会	１月12日（土）	13:30	不	
	小４・５年生対象学校見学会	１月19日（土）	午前	要	４、５年生
サ ◎埼玉栄	入試問題学習会	11月18日（日）	10:00	要	
		12月８日（土）	10:00	要	
	学校説明会	12月16日（日）	10:00	不	
◎埼玉平成	入試説明会	11月10日（土）	10:00	要	
	合唱コンクール	11月17日（土）	10:30	不	
	個別相談会	12月１日（土）	13:00	要	
		12月８日（土）	13:00	要	
	入試説明会	12月15日（土）	10:00	要	
	個別相談会	12月15日（土）	13:00	要	
		12月22日（土）	13:00	要	
◎栄東	入試説明会	11月23日（金）	8:40	不	６年生
		11月23日（金）	14:10	不	６年生
	入試問題学習会	11月23日（金）	8:30	要	受験生（６年生）
		11月23日（金）	14:00	要	受験生（６年生）
	入試説明会	12月８日（土）	10:00	不	６年生
◎桜丘	学校説明会	11月11日（日）	10:00	要	
	ナイト説明会	11月22日（木）	18:30	要	保護者
	学校説明会	12月16日（日）	10:00	要	
	入試直前対策会	１月６日（日）	9:00	要	
	学校説明会	１月12日（土）	14:00	要	
◎狭山ヶ丘高等学校付属	学校見学説明会	11月11日（日）	14:00	不	
		12月１日（土）	14:00	不	
●サレジオ学院	中学入試説明会	11月10日（土）	14:00	要	６年生
◎志学館	入試説明会	11月10日（土）	10:00	要	
	入試相談会	12月15日（土）	10:00	要	
◎実践学園	入試説明会	11月10日（土）	10:30	不	
	合唱コンクール	11月16日（金）	10:00	不	杉並公会堂
	入試説明会	11月17日（土）	10:30	不	
		12月１日（土）	10:30	不	
		12月23日（日）	14:00	不	
	入試問題説明会	12月23日（日）	14:00	不	
	入試説明会	１月12日（土）	14:00	不	
	入試体験会・体験授業	１月12日（土）	14:00	不	
○実践女子学園	オープンスクール	11月10日（土）	14:00	要	
	入試説明会	11月17日（土）	14:00	要	５、６年生
		12月１日（土）	14:00	要	６年生
		12月15日（土）	14:00	要	５、６年生
○品川女子学院	20代教員による説明会	11月15日（木）	10:00	要	保護者
	入試説明会	11月17日（土）	10:00	要	保護者
	オープンキャンパス	11月24日（土）	14:00	要	

学校名	行事内容	開催日	開始時間	予約	備考
○白梅学園清修	２科４科入試体験会	12月16日（日）	9:30	要	
	適性検査型入試体験会	12月22日（土）	8:30	要	
		12月23日（日）	8:30	要	
	適性検査型入試体験会フィードバック	12月23日（日）	13:00	要	12月22日受験者
		12月24日（月）	10:00	要	12月22日または23日受験者
	適性検査型入試直前講座	１月12日（土）	9:30	要	
	授業見学会＆ミニ学校説明会	１月19日（土）	10:30	要	
○白百合学園	学校説明会	11月10日（土）	9:30	不	
		12月１日（土）	14:00	不	
●巣鴨	学校説明会	11月10日（土）	10:00	要	
		12月８日（土）	10:00	要	
●逗子開成	秋の入試説明会	11月10日（土）	10:00	要	
	土曜見学会	12月１日（土）	10:00	要	
	秋の入試説明会	12月14日（金）	14:00	要	
◎駿台学園	学校説明会	11月17日（土）	10:00	不	
		12月８日（土）	10:00	不	
		12月15日（土）	10:00	不	
		１月５日（土）	10:00	不	
		１月12日（土）	10:00	不	
●聖学院	学校説明会	11月24日（土）	10:00	要	
		12月22日（土）	10:00	要	
		１月12日（土）	10:30	要	
◎成蹊	入試対策講座	11月10日（土）	13:30	要	６年生、成蹊大学
	学校説明会	11月10日（土）	14:00	不	成蹊大学
	入試対策講座	11月17日（土）	13:30	要	６年生、成蹊大学
●成城	学校説明会	11月10日（土）	10:30	要	
		11月24日（土）	10:30	要	
		１月12日（土）	10:30	要	
		１月12日（土）	15:00	要	
◎成城学園	学校説明会	11月10日（土）	14:00	不	
○成女学園	学校説明会	11月17日（土）	10:00	不	
		11月24日（土）	10:30	要	
	個別相談会	12月１日（土）	9:00	要	
	個別相談	12月３日（月）	随時	要	
		12月４日（火）	随時	要	
		12月５日（水）	随時	要	
		12月６日（木）	随時	要	
		12月７日（金）	随時	要	
	学校説明会	１月19日（土）	9:00	要	
◎清真学園	学校案内日	11月10日（土）	13:30	要	
		11月17日（土）	13:30	要	
○聖セシリア女子	学校説明会	11月13日（火）	10:00	不	
	発表会	11月20日（火）	午後	不	やまと芸術文化ホール
	学校見学会	11月26日（月）	10:00	要	
	学校説明会	12月15日（土）	10:00	不	
	クリスマスミサ	12月21日（金）	午前	不	
	学校見学会	１月22日（火）	10:00	要	
○清泉女学院	入試説明会	11月17日（土）	10:00	不	
	親子見学会	12月８日（土）	10:00	要	
○聖徳大学附属女子	学校説明会	11月11日（日）	9:30	要	
		11月25日（日）	9:30	要	
	ミニ説明会	12月15日（土）	9:30	要	
	個別相談会	12月22日（土）	9:30	要	
		12月23日（日）	9:30	要	
	学校説明会	１月６日（日）	9:30	要	
○聖徳大学附属取手聖徳女子	入試説明会	11月11日（日）	9:30	要	４～６年生
		12月８日（土）	13:30	要	４～６年生
○星美学園	中学入試対策会	11月18日（日）	9:30	要	６年生
	学校説明会	12月23日（日）	14:00	要	
	クリスマス会	12月23日（日）	16:00	要	
	中学入試体験会	１月６日（日）	8:30	要	６年生
◎西武学園文理	入試説明会・学校説明会	11月17日（土）	14:30	要	

学校名	行事内容	開催日	開始時間	予約	備考
○頌栄女子学院	クリスマスこども会	11月24日（土）	13:00	要	
●城西川越	問題解説学習会	11月23日（金）	9:00	要	
		11月23日（金）	13:00	要	
	入試相談会	12月１日（土）	9:00	要	
	学校説明会	12月１日（土）	14:30	不	
◎常総学院	常友祭	11月11日（日）	10:00	不	
	入試説明会	11月17日（土）	10:00	要	
	入試説明会in柏の葉	12月１日（土）	10:00	要	柏の葉カンファレンスセンター
◎聖徳学園	適性検査型説明会	11月10日（土）	10:00	要	
	体験授業&説明会	11月17日（土）	14:30	要	
	過去問体験&入試傾向説明会	12月15日（土）	14:30	要	
		１月12日（土）	14:30	要	
◎湘南学園	入試説明会	11月14日（水）	9:30	要	
	公開授業	11月21日（水）	10:00	不	
	入試説明会	12月22日（土）	9:00	要	６年生
	入試直前学校見学・ミニ説明会	１月12日（土）	10:00	要	６年生
		１月19日（土）	10:00	要	６年生
	合唱コンクール	１月23日（水）	10:00	不	
○湘南白百合学園	入試説明会	11月17日（土）	10:00	不	
		12月８日（土）	9:30	要	
◎昌平	学校説明会	11月11日（日）	14:00	不	
	入試問題アドバイス	11月11日（日）	14:00	要	受験生（６年生）
	学校説明会	11月29日（木）	10:00	不	
		12月15日（土）	10:00	不	
●城北	入試説明会	11月23日（金）	10:00	要	
		12月１日（土）	13:30	要	
	施設見学会	12月15日（土）	13:30	要	
	中学自由研究展示会	12月15日（土）	13:30	不	
		12月16日（日）	10:00	不	
●城北埼玉	学校説明会	11月18日（日）	10:00	不	
		11月18日（日）	13:40	不	
		12月16日（日）	10:00	不	
◎昭和学院	学校説明会	11月17日（土）	10:00	要	
		12月15日（土）	13:15	要	
○昭和女子大学附属昭和	昭和祭	11月10日（土）	10:00	不	
		11月11日（日）	10:00	不	
	オープンスクール	11月19日（月）	10:15	不	
	学校説明会	11月23日（金）	10:00	不	
	入試問題解説	11月23日（金）	10:00	要	受験生（６年生）
	学校説明会	12月16日（日）	10:00	不	
	体験授業・クラブ・入試問題解説	12月16日（日）	10:00	要	受験生
	学校説明会	１月12日（土）	10:00	不	
○女子学院	学校説明会	11月13日（火）	8:10	要	保護者
		11月15日（木）	8:10	要	保護者
		11月17日（土）	10:00	要	保護者
○女子聖学院	ナイト説明会	11月10日（土）	18:30	要	保護者
	学校説明会	11月14日（水）	10:00	要	
		11月17日（土）	14:00	要	
	女子聖Jr.Workshop	11月24日（土）	11:00	要	
	入試体験会	12月１日（土）	9:00	要	
	PTAクリスマス	12月８日（土）	13:30	要	
	入試直前説明会	１月12日（土）	9:30	要	
	プレシャス説明会	１月12日（土）	11:00	要	保護者
	ミニ説明会&個別相談	１月19日（土）	10:00	要	６年生
○女子美術大学付属	公開授業	11月17日（土）	8:35	不	
		11月24日（土）	8:35	不	
	入試説明会・学校説明会	11月24日（土）	14:00	不	
	学校説明会	12月１日（土）	14:00	不	
		１月12日（土）	14:00	不	
○白梅学園清修	２科４科入試説明会	11月17日（土）	14:00	要	
	適性検査型入試説明会	11月24日（土）	14:00	要	
	学校説明会	12月１日（土）	14:00	要	

学校名	行事内容	開催日	開始時間	予約	備考
◎相洋	学校説明会	12月９日（日）	10:00	要	
タ ●高輪	入試説明会	12月１日（土）	14:00	要	
		１月８日（火）	14:00	要	
○瀧野川女子学園	入試チャレンジ（２科・４科・グローバル）	11月17日（土）	13:30	要	６年生
	入試チャレンジ解説会	11月24日（土）	9:30	要	６年生
	学校説明会	12月１日（土）	13:30	要	４～６年生
	入試チャレンジ（２科）・入試チャレンジ解説会	12月15日（土）	13:30	要	６年生
	学校説明会	１月12日（土）	13:30	要	４～６年生
		１月19日（土）	13:30	要	４～６年生
◎橘学苑	中学説明会	11月17日（土）	10:00	不	
	中学オープンスクール	11月17日（土）	10:00	要	受験生
	中学模擬試験	12月23日（日）	8:20	要	受験生
	中学説明会	12月23日（日）	8:30	不	
		１月19日（土）	14:00	不	
◎玉川学園	入試問題チャレンジ会	11月17日（土）	10:00	要	
	IBクラス学校説明会	11月22日（木）	19:00	要	
	音楽祭	11月28日（水）	14:00	要	パルテノン多摩
	一般クラス学校説明会	１月16日（水）	10:00	要	
○玉川聖学院	適性検査型入試説明会	11月17日（土）	10:00	要	
	プレテスト	11月23日（金）	9:00	要	６年生
	受験生向けクリスマス	12月１日（土）	10:00	要	
	適性検査型入試プレテスト	12月15日（土）	9:00	要	６年生
	適性検査型入試説明会	１月12日（土）	10:00	要	
	入試説明会	１月12日（土）	14:00	要	
◎多摩大学附属聖ヶ丘	学校説明会	11月10日（土）	14:00	要	
	適性型入試説明会	11月24日（土）	14:00	要	
	学校説明会	12月８日（土）	14:00	要	６年生
	合唱コンクール	12月21日（金）	12:00	不	日野市民会館
	学校説明会	１月13日（日）	10:00	要	６年生
◎多摩大学目黒	英会話体験と部活動体験	11月23日（金）	10:00	要	
	学校説明会	12月１日（土）	10:00	不	
		１月11日（金）	19:00	不	
		１月12日（土）	10:00	不	
◎千葉明徳	学校説明会	11月18日（日）	10:00	要	４～６年生
		12月16日（日）	10:00	要	４～６年生
	小6対象個別相談会	１月12日（土）	9:00	要	６年生
◎中央大学附属	学校説明会	11月24日（土）	13:30	不	
◎中央大学附属横浜	学校説明会	11月24日（土）	14:00	要	
◎土浦日本大学	土曜学校見学会	11月10日（土）	10:00	要	
	入試問題解説会	11月17日（土）	10:00	要	
	土曜学校見学会	11月24日（土）	10:00	要	
		１月12日（土）	10:00	要	
		１月26日（土）	10:00	要	
◎鶴見大学附属	ミニ説明会	11月18日（日）	10:00	不	
	校長先生と学校散歩	12月１日（土）	10:00	要	
	ミニ説明会	12月３日（月）	10:00	不	
		１月26日（土）	10:00	不	
◎帝京	学校説明会	11月11日（日）	10:30	不	
	合唱コンクール	11月20日（火）	10:00	不	
	入試問題研究会	12月15日（土）	13:30	要	
		１月13日（日）	13:30	不	
◎帝京大学	学校説明会	11月17日（土）	10:00	要	
	帝京大学中学校基礎情報説明会	12月16日（日）	9:30	要	
	学校説明会	12月16日（日）	10:30	要	
	算数・国語過去問解説授業	12月16日（日）	10:30	要	受験生（６年生）

学校名	行事内容	開催日	開始時間	予約	備考
サ ◎西武学園文理	ナイトBUNRI適性検査型入試説明会	11月27日（火）	19:30	要	
	入試説明会・学校説明会	12月１日（土）	10:30	要	
	入試模擬体験・学校説明会	12月23日（日）	10:30	要	
◎西武台新座	入試模擬体験会	11月25日（日）	9:30	要	
	入試直前情報説明会	12月16日（日）	9:30	不	
◎聖望学園	学校説明会	11月18日（日）	10:00	要	
	クリスマスツリー点火式	11月30日（金）	17:00	要	
	学校説明会	12月８日（土）	14:30	要	
○聖ヨゼフ学園	学校説明会	11月17日（土）	13:30		
	入試問題勉強会	11月17日（土）	13:30	要	受験生（６年生）
	クリスマスバザー・ワークショップ	11月25日（日）	10:00	不	
	体験入試	12月16日（日）	9:00	要	５、６年生
	入試説明会	１月14日（月）	10:00		
	面談体験	１月14日（月）	10:15	要	受験生（６年生）
◎成立学園	学校説明会	11月10日（土）	10:00	要	
	個別相談会	11月14日（水）	12:00	不	
	ナショジオアドベンチャー（「ナショジオ入試」体験会）	11月24日（土）	9:00	要	６年生
	個別相談会	12月１日（土）	12:00	不	
	ミニ説明会	12月８日（土）	10:00	要	
	個別相談会	12月８日（土）	12:00	不	
	ミニ説明会	12月８日（土）	15:00	要	
	個別相談会	12月15日（土）	12:00	不	
	わかるテスト	12月16日（日）	8:30	要	６年生
	学校説明会	12月16日（日）	10:00	要	６年生
	個別相談会	12月22日（土）	12:00	不	
	ミニ説明会	12月23日（日）	10:00	要	
	個別相談会	12月23日（日）	12:00	不	
	ミニ説明会	12月23日（日）	15:00	要	
	個別相談会	12月24日（月）	12:00	不	
	わかるテスト	１月12日（土）	8:30	要	６年生
	学校説明会	１月12日（土）	10:00	要	６年生
◎青稜	体験入学	11月18日（日）	10:00	要	５、６年生
	学校説明会	11月24日（土）	10:30	不	
	入試個別相談会	１月10日（木）	10:30	不	
○聖和学院	入試問題解説会	11月17日（土）	10:00	不	
	個別説明会	11月24日（土）	10:00	要	
	クリスマスイベント	12月８日（土）	10:00	不	
	個別説明会	12月15日（土）	10:00	要	
	入試対策説明会	１月12日（土）	10:00	不	
	個別相談会	１月19日（土）	10:00	要	
		１月26日（土）	10:00	要	
●世田谷学園	６年生対象入試説明会	11月19日（月）	10:30	要	６年生
		11月24日（土）	10:30	要	６年生
	５年生以下対象入試説明会	11月26日（月）	10:30	要	５年生以下
	６年生対象入試説明会	12月１日（土）	10:30	要	６年生
	入試直前説明会	12月15日（土）		要	
◎専修大学松戸	学校説明会	12月９日（日）	10:00	不	
	学校説明会ダイジェスト版	１月６日（日）	14:00	要	
○洗足学園	学校説明会	11月17日（土）	10:00	不	
	入試問題説明会	12月15日（土）	8:30	要	６年生
		12月15日（土）	13:00	要	６年生
		12月16日（日）	8:30	要	６年生
		12月16日（日）	13:00	要	６年生
○捜真女学校	学校説明会	11月10日（土）	10:00	要	
	ナイト説明会	11月30日（金）	18:30	要	
	捜真クルーズ	12月１日（土）	14:00	要	
		12月16日（日）	14:00	要	
	学校説明会	１月12日（土）	10:00	要	６年生
◎相洋	音楽会	11月10日（土）	10:00	不	

学校名	行事内容	開催日	開始時間	予約	備考
◎東京女子学園	学校説明会	12月16日（日）	14:00	要	
	入試対策勉強会	12月16日（日）	14:00	要	受験生（６年生）
	ミニ説明会	１月12日（土）	14:00	要	
		１月19日（土）	14:00	要	
		１月26日（土）	14:00	要	
◎東京成徳大学	学校説明会	11月18日（日）	10:30	要	
	出題傾向説明会（思考力）	12月８日（土）	10:30	要	
	出題傾向説明会（４科）	12月16日（日）	10:30	要	
		１月６日（日）	10:30	要	
	学校説明会	１月19日（土）	10:30	要	
◎東京成徳大学深谷	桐蔭祭	11月17日（土）		要	
	学校説明会	11月18日（日）	9:00	要	
		12月２日（日）	9:00	要	
	入試相談会	12月９日（日）	9:00	要	
◎東京電機大学	入試説明会	11月10日（土）	14:00	要	
	入試過去問解説	12月15日（土）	10:00	要	６年生
	入試説明会	１月６日（日）	14:30	要	
◎東京都市大学等々力	入試説明会	11月17日（土）	14:30	要	
		12月16日（日）	14:30	要	
		１月13日（日）	10:00	要	
●東京都市大学付属	「授業見学ができる」水曜ミニ説明会	11月14日（水）	10:00	要	
	入試説明会	11月23日（金）	10:00	要	
		１月13日（日）	10:00	要	
	「授業見学ができる」土曜ミニ説明会	１月19日（土）	10:00	要	
◎東京農業大学第一高等学校	学校説明会	11月11日（日）	10:00	要	東京農業大学
	入試説明会	12月９日（日）	10:00	要	６年生、東京農業大学
		12月９日（日）	14:00	要	６年生、東京農業大学
	学校説明会	１月６日（日）	10:00	要	東京農業大学
◎東京農業大学第三高等学校附属	入試模擬体験	11月23日（金）	9:30	要	
	学校説明会	12月８日（土）	9:30	要	
◎東京立正	入試説明会・学校説明会	11月10日（土）	10:00	不	
		11月17日（土）	14:30	不	
	合唱コンクール	11月24日（土）	9:00	不	
	入試説明会・学校説明会	12月８日（土）	10:00	不	
		１月12日（土）	14:00	不	
□桐光学園	中学校入試問題説明会	11月17日（土）	13:30	要	
	中学校帰国生対象入試問題説明会	12月15日（土）	13:30	要	
	入試直前説明会	12月24日（月）	10:30	要	
◎東星学園	学校説明会	12月１日（土）	14:00	要	
	クリスマス会	12月22日（土）	9:30	要	
	中学入試体験会	１月12日（土）	13:30	要	
●桐朋	学校説明会	11月24日（土）	14:00	要	
◎東邦音楽大学附属東邦	体験レッスン	11月10日（土）	9:00	要	東邦音楽大学文京キャンパス
	合唱コンクール	11月17日（土）		不	東邦音楽大学川越キャンパス
	定期演奏会（合唱）	11月24日（土）	18:00	不	東邦音楽大学川越キャンパス
	定期演奏会（オーケストラ）	11月30日（金）		不	文京シビックホール
	体験レッスン	12月１日（土）	9:00	要	東邦音楽大学文京キャンパス
		12月８日（土）	9:00	要	東邦音楽大学文京キャンパス
	定期演奏会（ウィンドオーケストラ）	12月15日（土）	11:00	不	ウエスタ川越
	入試直前講習会	12月22日（土）	9:00	要	東邦音楽大学文京キャンパス
		１月12日（土）	9:00	要	東邦音楽大学文京キャンパス
○桐朋女子	学校説明会	12月１日（土）	14:00	要	
		１月12日（土）	10:00	要	
◎東邦大学付属東邦	学校見学会	11月10日（土）	10:00	要	

学校名	行事内容	開催日	開始時間	予約	備考
◎帝京大学	帝京大学中学校基礎情報説明会	１月６日（日）	13:00	要	
	学校説明会	１月６日（日）	14:00	要	
	算数・国語過去問解説授業	１月６日（日）	14:00	要	受験生（６年生）
◎貞静学園	学校説明会	11月17日（土）	10:00	要	
	プレテスト	11月24日（土）	10:00	要	
	入試対策講座	12月23日（日）	9:00	要	
	学校説明会	１月12日（土）	10:00	要	
○田園調布学園	帰国子女対象説明会	11月10日（土）	11:00	要	
	学校説明会・生徒によるキャンパスツアー	11月10日（土）	13:00	要	
	帰国子女対象説明会	11月10日（土）	15:00	要	
	土曜プログラム見学会	11月17日（土）	8:50	要	
		11月17日（土）	10:15	要	
	入試直前説明会	12月１日（土）	10:00	要	
		12月７日（金）	19:30	要	
		１月９日（水）	19:30	要	
	土曜プログラム見学会	１月19日（土）	8:50	要	
		１月19日（土）	10:15	要	
	第90回定期音楽会（生徒演奏の部）	１月24日（木）	12:30	不	横浜みなとみらいホール
	第90回定期音楽会（鑑賞教室の部）	１月24日（木）	15:00	不	横浜みなとみらいホール
◎桐蔭学園	新中等説明会	11月10日（土）	14:30	要	
	新中等入試体験会・説明会	12月15日（土）	9:30	要	
◎東海大学菅生高等学校	入試体験教室	11月24日（土）	14:00	要	
	理科実験教室	12月８日（土）	14:00	要	５、６年生
	音楽祭	12月19日（水）	13:00	不	
	入試体験教室	12月23日（日）	10:00	要	
	学校説明会	１月12日（土）	14:00	不	
	理科実験教室	１月19日（土）	14:00	要	５、６年生
◎東海大学付属浦安高等学校	学校説明会	11月11日（日）	9:30	不	
		12月15日（土）	13:30	不	
◎東海大学付属相模高等学校	学校説明会	11月18日（日）	10:00	不	
		12月16日（日）	10:00	不	
◎東海大学付属高輪台高等学校	学校説明見学会	12月９日（日）	10:00	不	
		１月13日（日）	10:00	不	
○東京家政学院	キャンパスツアー	11月10日（土）	10:30	要	
	学校説明会	11月10日（土）	10:30	要	
		11月24日（土）	14:00		
		12月23日（日）	10:00		
		１月６日（日）	10:00		
		１月12日（土）	14:00		
	合唱祭	１月15日（火）	13:00	不	練馬文化センター
	学校説明会	１月19日（土）	11:00		
		１月26日（土）	11:00		
○東京家政大学附属女子	学校説明会	11月17日（土）	14:00	要	
		12月９日（日）	9:00	要	
		１月12日（土）	14:00		
○東京純心女子	入試説明会	11月10日（土）	10:30	不	
	個別相談会	11月17日（土）	10:00	要	
	小６入試体験会	11月23日（金）	13:30	要	６年生
	個別相談会	12月１日（土）	10:00	要	
	適性検査型説明会	12月23日（日）	9:00	要	
	クリスマス・ページェント	12月23日（日）	10:30	要	
	小６入試体験会	１月５日（土）	13:30	要	６年生
	個別相談会	１月12日（土）	10:00	要	
○東京女学館	創立130周年記念祭	11月10日（土）	11:15	不	
		11月11日（日）	9:00	不	
	入試説明会	11月17日（土）	10:00	要	６年生
	学校説明会	12月22日（土）	13:00	不	
○東京女子学園	学校説明会	11月11日（日）	10:00	要	
	授業体験	11月11日（日）	10:00	要	受験生
	学校説明会	12月16日（日）	10:00	要	
	入試対策勉強会	12月16日（日）	10:00	要	受験生（６年生）

学校名	行事内容	開催日	開始時間	予約	備考
◎二松学舎大学附属柏	学校説明会	1月12日（土）	9:30	不	
◎日本工業大学駒場	土日説明会	11月11日（日）	10:00	不	
	平日説明会	11月16日（金）	10:30	不	
	土日説明会	11月24日（土）	14:00	不	
	平日説明会	12月10日（月）	13:30	不	
	入試プレテスト（一般型）	12月16日（日）	9:00	要	
	入試プレテスト（適性検査型）	12月23日（日）	9:00	要	
	平日説明会	1月10日（木）	10:30	不	
	土日説明会	1月13日（日）	10:00	不	
	直前説明会	1月19日（土）	10:30	不	
◎新渡戸文化	公開授業	11月17日（土）	9:30	要	
	学校説明会	11月17日（土）	14:00	要	
	イブニングミニ説明会	11月21日（水）	19:00	要	
	学校説明会	12月1日（土）	14:00	要	
	イブニングミニ説明会	12月5日（水）	19:00	要	
	入試問題解説会	12月16日（日）	14:00	要	
		1月12日（土）	14:00	要	
	イブニングミニ説明会	1月16日（水）	19:00	要	
●日本学園	入試説明会	11月30日（金）	10:00	不	
		12月22日（土）	10:00	不	
		1月10日（木）	18:30	不	
		1月24日（木）	10:00	不	
○日本女子大学附属	入試問題解説会	11月17日（土）	14:00	要	受験生（6年生）
	中学校説明会	11月17日（土）	14:10	不	
	親子天体観望会	12月1日（土）	17:00	要	
○日本体育大学桜華	部活動体験会	11月14日（水）	14:30	不	
	トワイライト説明会	12月3日（月）	17:00	要	
		12月4日（火）	17:00	要	
		12月5日（水）	17:00	要	
		12月6日（木）	17:00	要	
		12月7日（金）	17:00	要	
	個別相談会	12月25日（火）	10:00	不	
		1月12日（土）	14:30	不	6年生
◎日本大学	中学校説明会	12月1日（土）	9:30	不	
◎日本大学第一	学校説明会	11月17日（土）	10:00	要	
		11月17日（土）	14:00	要	
	中学入試直前相談会	1月12日（土）	14:00	要	
◎日本大学第三	学校説明会	11月24日（土）	13:45	要	
		1月12日（土）	13:45	要	
◎日本大学第二	銀杏祭	11月10日（土）	10:00	不	
		11月11日（日）	10:00	不	
	学校説明会	11月24日（土）	14:00	不	
		1月12日（土）	14:00	不	
●日本大学豊山	授業参観デー	11月10日（土）	8:30	不	
	入試ミニ説明会	11月10日（土）	8:40	不	
	学校説明会	11月18日（日）	13:30	不	
	授業・クラブ体験	11月18日（日）	13:30	要	
	入試説明会	12月2日（日）	13:30	不	
	入試解法ミニ講座	12月2日（日）	13:30	要	
	入試説明会	1月12日（土）	14:00	不	
	入試解法ミニ講座	1月12日（土）	14:00	要	
○日本大学豊山女子	学校説明会	11月23日（金）	10:00	要	
	入試（2科）プレテスト	12月8日（土）	13:00	要	受験生
	新タイプ入試プレテスト	12月15日（土）	10:00	要	受験生
	入試説明会	1月13日（日）	10:00	要	
◎日本大学藤沢	入試説明会	11月10日（土）	14:00	不	
		11月24日（土）	14:00	不	
ハ ○函館白百合学園	東京説明会	11月18日（日）	午前		TKP市ヶ谷カンファレンスセンター
		1月8日（火）	夕方	不	TKP市ヶ谷カンファレンスセンター

学校名	行事内容	開催日	開始時間	予約	備考
タ ◎東邦大学付属東邦	学校見学会	11月17日（土）	10:00	要	
○東洋英和女学院	学校説明会	11月10日（土）	13:30	不	
	入試問題説明会	12月1日（土）	9:00	不	6年生
	クリスマス音楽会	12月8日（土）	13:00	不	
		12月8日（土）	15:00	不	
	ミニ学校説明会	12月26日（水）	10:00	要	6年生
◎東洋大学京北	学校説明会	11月11日（日）	13:00	要	
		12月15日（土）	15:00	要	
	入試問題対策会	12月23日（日）	9:00	要	東洋大学白山キャンパス
		12月23日（日）	13:30	要	東洋大学白山キャンパス
	学校説明会	1月12日（土）	15:00	要	
○トキワ松学園	土曜日のミニ見学会	11月10日（土）	10:30	要	
	「保護者が語るトキワ松」説明会	11月16日（金）	10:00	要	保護者
	土曜日のミニ見学会	11月17日（土）	10:30	要	
	適性検査型入試説明会	12月8日（土）	14:30	要	
	入試説明会・入試体験	12月23日（日）	14:00	要	5、6年生
	入試説明会・算数勉強教室	1月12日（土）	14:30	要	5、6年生
	土曜日のミニ見学会	1月19日（土）	10:30	要	
	学校説明会	1月26日（土）	14:30	要	5、6年生
○豊島岡女子学園	学校説明会	11月17日（土）	10:30	要	
●獨協	学校説明会	11月11日（日）	13:30	要	
	体験授業	11月11日（日）	13:30	要	受験生（4～6年生）
	入試説明会	12月23日（日）	10:00	要	
	学校説明会	12月23日（日）	11:30	要	
		1月13日（日）	10:00	要	
◎獨協埼玉	学校説明会	11月25日（日）	10:00	不	
		12月16日（日）	10:00	不	
◎ドルトン東京学園	学校説明会	11月11日（日）	10:00	要	
		11月11日（日）	13:30	要	
		11月17日（土）	10:00	要	
		11月17日（土）	13:30	要	
	ロボットワークショップ	11月18日（日）	13:30	要	
	サンプル問題解説会	12月2日（日）	10:00	要	
		12月9日（日）	10:00	要	
	入試傾向解説会	1月13日（日）	10:00	要	
		1月13日（日）	13:30	要	
ナ ○中村	保護者に会える学校説明会	11月10日（土）	8:15	要	
	生徒に会える学校説明会	11月10日（土）	14:00	要	
	夜の学校説明会	11月16日（金）	19:00	要	
	オープンキャンパス（秋フェス）	11月25日（日）	9:00	要	
	入試体験&入試説明会	11月25日（日）	9:30	要	
	夜の学校説明会	12月5日（水）	19:00	要	
	入試体験&入試説明会	12月15日（土）	9:30	要	
	授業体験&ミニ説明会	12月15日（土）	9:30	要	
	保護者に会える学校説明会	12月24日（月）	10:00	要	
	入試体験&入試説明会	1月12日（土）	13:00	要	
	授業見学&ミニ説明会	1月19日（土）	10:00	要	
	保護者に会える学校説明会	1月26日（土）	10:00	要	
◎二松学舎大学附属柏	学校説明会	11月10日（土）	14:00	不	
		11月23日（金）	9:30	不	
		12月8日（土）	9:30	不	
		12月15日（土）	9:30	不	
		12月23日（日）	9:30	不	

学校名	行事内容	開催日	開始時間	予約	備考
◎文化学園大学杉並	授業見学会	11月27日(火)	9:00	要	
	入試説明会	12月８日(土)	14:00	要	
	学校説明会	12月16日(日)	10:00	要	
	学校説明会(ミニ)	12月25日(火)	10:00	要	
	入試説明会	１月12日(土)	14:00	要	
○文京学院大学女子	入試解説	11月11日(日)	10:00	不	
		11月11日(日)	13:30	不	
	授業が見られる説明会	11月17日(土)	9:00	不	
	入試体験	11月25日(日)	9:00	要	
	イブニングセッション	11月30日(金)	18:30	不	
	入試体験	12月16日(日)	9:00	要	
	何でも相談会(ミニ説明会)	12月24日(月)	10:00	要	
	入試解説	１月６日(日)	10:00	不	
		１月６日(日)	13:30	不	
	何でも相談会(ミニ説明会)	１月10日(木)	10:00	要	
		１月13日(日)	10:00	要	
		１月20日(日)	10:00	要	
		１月27日(日)	10:00	要	
◎文教大学付属	学校説明会	11月10日(土)	10:30	不	
	みらい創造入試問題解説会	11月17日(土)	10:30	要	
	授業公開デー	11月24日(土)	11:00	不	
	中学入試模擬体験	12月15日(土)	14:00	要	
	学校説明会	１月９日(水)	10:30	不	
	中学入試問題対策説明会	１月12日(土)	13:30	要	
	授業公開デー	１月26日(土)	11:00	不	
◎法政大学	秋の学校説明会	11月13日(火)	10:30	要	
	直前対策講習会	12月８日(土)	8:30	要	６年生
◎法政大学第二	学校説明会	11月17日(土)	14:00	要	
◎星野学園	入試説明会	11月18日(日)	10:00	要	
		12月９日(日)	10:00	要	
◎細田学園	オープンスクール	11月18日(日)		要	
	入試解説会	11月25日(日)	9:00	要	
	入試体験会	12月16日(日)	9:00	要	
●本郷	入試説明会	11月24日(土)	14:00	不	
	親子見学会	12月23日(日)	10:30	要	
		12月23日(日)	14:00	要	
◎本庄東高等学校附属	学校説明会	11月23日(金)	9:30	要	
	受験相談会	12月８日(土)	14:00	要	６年生
		12月23日(日)	9:30	要	６年生
○聖園女学院	学校説明会	12月１日(土)	9:30	不	
	体験入学	12月１日(土)	9:30	不	受験生
	クリスマスキャロル	12月21日(金)	14:00	不	藤沢市民会館大ホール
	クリスマスタブロ	12月22日(土)	14:00	要	
	授業見学会	１月18日(金)	10:00	要	６年生
◎三田国際学園	入試傾向説明会	11月17日(土)	10:00	要	
		12月22日(土)	10:00	要	
◎水戸英宏	入試説明会・個別相談会	12月15日(土)	9:30		
		１月19日(土)	9:30		
○緑ヶ丘女子	ジュニアカルチャークラス	11月17日(土)	9:30	要	受験生
	ジュニアイングリッシュ	11月24日(土)	9:30	要	受験生(３～６年生)
	入試説明会	12月８日(土)	10:00	不	
	ジュニアカルチャークラス	12月22日(土)	9:30	要	受験生
	ジュニアイングリッシュ	12月22日(土)	9:30	要	受験生(３～６年生)
	入試説明会	１月12日(土)	10:00	不	
	ジュニアイングリッシュ	１月19日(土)	9:30	要	受験生(３～６年生)
◎明星学園	入試対策説明会	11月17日(土)	14:00	要	６年生
	公開研究会	11月23日(金)		要	
	入試対策説明会	12月23日(日)	10:00	要	６年生
	入試直前ミニ個別相談会	１月13日(日)		要	６年生
	中学３年生卒業研究発表会	１月19日(土)			

学校名	行事内容	開催日	開始時間	予約	備考
●函館ラ・サール	説明会	11月18日(日)	10:00	不	フクラシア丸の内オアゾ
		11月23日(金)	10:00		TOC有明
◎八王子学園八王子	「探究ゼミ」見学&説明会	11月14日(水)	10:00	要	
	ナイト説明会	11月14日(水)	18:00	要	
	保護者対象説明会	11月15日(木)	10:00	要	保護者
	入試問題ガイダンス&説明会	11月17日(土)	10:00	要	
	保護者対象説明会	12月３日(月)	10:00	要	保護者
	ナイト説明会	12月５日(水)	18:00	要	
	入試模擬問題体験&説明会(2科・4科型)	12月16日(日)	10:00	要	
		12月16日(日)	13:00	要	
	入試模擬体験&説明会(適性検査型)	12月24日(月)	10:00	要	
	冬期学校見学会	１月５日(土)	10:00	要	
	保護者対象直前説明会	１月10日(木)	16:00	要	保護者
	入試直前対策説明会	１月12日(土)	10:00	要	
	保護者対象直前説明会	１月15日(火)	16:00	要	保護者
		１月21日(月)	16:00	要	保護者
		１月23日(水)	16:00	要	保護者
◎八王子実践	内部説明会	11月10日(土)	14:00	要	
	入試問題解説	12月22日(土)	14:00	要	
		１月12日(土)	14:00	要	
◎日出学園	一般入試説明会	12月８日(土)	14:00	要	
◎広尾学園	学校説明会	12月15日(土)	10:00	要	
	入試傾向説明会	12月15日(土)	10:00	要	６年生
○フェリス女学院	学校見学会	11月17日(土)	9:00	要	受験生(５、６年生)
		11月17日(土)	13:00	要	受験生(５、６年生)
○富士見	学校説明会	11月10日(土)	10:30	要	
		11月24日(土)	13:40	要	１～５年生
		12月１日(土)	10:30	要	
		１月12日(土)	10:30	要	
○富士見丘	学校説明会	11月23日(金)	10:00	要	
	特別講座体験	11月23日(金)	11:00	要	
	思考力向上セミナー	11月23日(金)	11:00	要	
	学校説明会	12月１日(土)	10:00	要	
	チャレンジ体験入試	12月１日(土)	10:05	要	
	冬休み学校見学会	12月25日(火)	10:00	要	
		12月25日(火)	11:00	要	
		12月25日(火)	13:30	要	
		12月25日(火)	14:30	要	
		12月26日(水)	10:00	要	
		12月26日(水)	11:00	要	
		12月26日(水)	13:30	要	
		12月26日(水)	14:30	要	
	学校説明会	１月12日(土)	13:00	要	
	思考力向上セミナー	１月12日(土)	13:00	要	
	チャレンジ体験入試	１月12日(土)	13:05	要	
○藤村女子	入試問題体験会	12月８日(土)	14:00	不	
	中学校個別相談会	１月12日(土)	14:00	不	
●武相	中学入試説明会	12月２日(日)	9:00	不	保護者
	プレ入試にチャレンジ	12月８日(土)	15:00	要	６年生
	中学入試説明会	１月14日(月)	9:00	不	保護者
◎武南	入試体験会	11月25日(日)	8:30	要	
	イブニング説明会	12月７日(金)	18:30	不	
	入試体験会	12月16日(日)	8:30	要	
○普連土学園	バザー	11月10日(土)	10:00	不	
	学校説明会	11月16日(金)	10:00	要	保護者
	入試解説会	12月８日(土)	10:00	要	
	生徒への質問会	12月15日(土)	10:00	要	
	入試解説会	１月12日(土)	10:00	要	
◎文化学園大学杉並	学校説明会	11月10日(土)	14:00	要	

学校名	行事内容	開催日	開始時間	予約	備考
●明法	学校説明会	１月19日（土）	10:00	要	
○目黒星美学園	入試説明会	11月18日（日）	10:00	不	
	入試体験	12月９日（日）	9:30	要	
	クリスマス会	12月15日（土）	14:00	要	
	入試直前説明会	１月20日（日）	10:00	不	
◎目白研心	学校説明会	11月10日（土）	10:30	要	
	入試体験会	12月22日（土）	8:30	要	
◎森村学園	学校説明会	11月17日（土）	14:30	要	
	入試問題解説会	12月８日（土）	14:30	要	受験生（６年生）
◎八雲学園	学校説明会	11月18日（日）	10:00	不	
	英語祭	12月８日（土）		不	
	学校説明会	12月16日（日）	10:00	不	
	百人一首大会	12月20日（木）		不	
	ミニ説明会	１月９日（水）	10:00	不	
		１月９日（水）	11:00	不	
◎安田学園	入試体験	11月18日（日）	9:30	要	受験生（６年生）
	学校説明会	11月18日（日）	14:30	要	
		12月８日（土）	14:30	要	
		１月12日（土）	14:30	要	
◎山手学院	学校説明会	11月17日（土）	10:00	要	
	入試直前説明会	12月１日（土）	14:00	要	
○山脇学園	入試説明会・学校説明会	11月17日（土）	9:00	要	
		12月15日（土）	9:00	要	
		１月12日（土）	9:00	要	
◎横須賀学院	合唱コンクール	11月10日（土）	10:00	要	
	学校説明会	11月17日（土）	9:00	要	
	入試問題体験会	11月17日（土）	9:00	要	受験生（６年生）
	ナイト相談会	11月30日（金）	19:00	要	
	学校説明会	12月15日（土）	10:00	要	
	クリスマス・ページェント	12月20日（木）	10:30	要	
	学校説明会	１月12日（土）	9:00	要	
	入試問題体験会	１月12日（土）	9:00	要	受験生（６年生）
	土曜直前相談会	１月19日（土）	10:00	要	６年生
		１月26日（土）	10:00	要	６年生
●横浜	ミニ説明会	11月11日（日）	9:30	不	
	入試問題体験会	12月８日（土）	9:30	要	６年生
	学校説明会	12月８日（土）	11:00	不	
	入試直前説明会	１月６日（日）	10:00	不	６年生
○横浜共立学園	学校説明会	11月10日（土）	10:00	不	保護者（４～６年生）
		11月10日（土）	13:30	不	保護者（４～６年生）
○横浜女学院	学校説明会	11月10日（土）	10:00	要	
	ミニ説明会	11月19日（月）	18:30	要	
		11月27日（火）	10:00	要	
	学校説明会	12月22日（土）	9:30	要	
		１月12日（土）	8:30	要	６年生
◎横浜翠陵	土曜授業見学会&学食体験	11月17日（土）	10:00	要	
	模擬入試+適性体験／入試問題傾向・対策	11月23日（金）	9:30	要	６年生
	入試問題解説会（適性含）	12月９日（日）	9:30	要	
	ミニ説明会	12月13日（木）	10:00	要	保護者
	模擬入試+適性体験／入試問題傾向・対策	１月14日（月）	9:30	要	６年生
	ミニ説明会	１月25日（金）	10:00	要	保護者
◎横浜創英	学校説明会	11月18日（日）	10:00	要	
		１月６日（日）	10:00	要	
◎横浜隼人	地域公開教室	11月10日（土）	10:00	要	３～６年生
	学校説明会	11月10日（土）	14:00	不	
	ミニ説明会	11月19日（月）	10:00	不	
	学校説明会	12月８日（土）	14:00	要	６年生
		１月12日（土）	10:00	不	
	ミニ説明会	１月19日（土）	10:00	不	
◎横浜富士見丘学園	学校説明会	11月14日（水）	10:00	不	
	ナイト説明会	11月下旬	19:00	不	旭区民文化センター「サンハート」

学校名	行事内容	開催日	開始時間	予約	備考
○三輪田学園	校長と入試問題にチャレンジ	11月10日（土）	10:00	要	
	学校説明会	11月17日（土）	12:30	要	
	校長と入試問題にチャレンジ	11月24日（土）	10:00	要	
	ミニ学校説明会	11月27日（火）	10:30	要	
	校長と入試問題にチャレンジ	12月８日（土）	10:00	要	
		12月15日（土）	10:00	要	
	入試説明会	12月23日（日）	13:30	要	６年生
		１月12日（土）	10:30	要	６年生
	ミニ学校説明会	１月15日（火）	10:30	要	
●武蔵	学校説明会	11月10日（土）	13:30	要	
		11月24日（土）	13:30	要	
◎武蔵野	説明会	11月17日（土）	13:00	要	
	説明会・体験イベント	12月15日（土）	10:30	要	
	体験イベント	12月26日（水）	14:00	要	
	個別相談会	１月12日（土）	10:30	要	
◎武蔵野大学	適性検査型入試特別説明会	11月10日（土）	10:00	要	
		11月17日（土）	10:00	要	
	入試対策講座	11月23日（金）	10:00	要	
	ミニプレテスト	12月23日（日）	10:00	要	
	ミニ説明会	１月12日（土）	10:00	要	
◎武蔵野東	学園祭	11月11日（日）	10:00		
	学校説明会	11月17日（土）	9:30	要	
	スクールツアー	11月28日（水）	16:00	要	４～６年生
	学校説明会	12月８日（土）	9:30	要	
	入試問題解説講座	12月８日（土）	9:30	要	受験生（６年生）
	未来探究型入試体験講座	12月８日（土）	9:30	要	受験生（６年生）
	スクールツアー	12月12日（水）	16:00	要	４～６年生
		12月19日（水）	16:00	要	４～６年生
	学校説明会	１月12日（土）	9:30	要	
	入試問題解説講座	１月12日（土）	9:30	要	受験生（６年生）
	未来探究型入試体験講座	１月12日（土）	9:30	要	受験生（６年生）
	スクールツアー	１月16日（水）	16:00	要	４～６年生
	ミニ説明会	１月19日（土）	9:30	要	
	未来探究型入試体験講座	１月19日（土）	9:30	要	受験生（６年生）
	スクールツアー	１月21日（月）	16:00	要	４～６年生
		１月22日（火）	16:00	要	４～６年生
		１月23日（水）	16:00	要	４～６年生
		１月24日（木）	16:00	要	４～６年生
		１月25日（金）	16:00	要	４～６年生
		１月28日（月）	16:00	要	４～６年生
		１月29日（火）	16:00	要	４～６年生
◎茗溪学園	茗溪美術展	11月10日（土）	9:30	不	つくば美術館
		11月11日（日）	9:30	不	つくば美術館
◎明治学院	学校説明会	11月14日（水）	11:00	要	
		12月８日（土）	14:00	要	
	クリスマスの集い	12月20日（木）	15:00	不	
	学校説明会	１月12日（土）	14:00	要	
	ハンドベル定期演奏会	１月18日（金）	19:00	不	なかのZEROホール
●明治大学付属中野	学校説明会	11月17日（土）	9:20	要	
		11月17日（土）	14:00	要	
◎明治大学付属中野八王子	オープンスクール	11月24日（土）	10:50	要	
	学校説明会	12月１日（土）	14:30	要	
	中高入試個別質問会	１月12日（土）	14:30	要	
◎明治大学付属明治	学校説明会	11月10日（土）	10:30	不	
		11月10日（土）	14:00	不	
	６年生対象入試対策説明会	12月１日（土）	10:00	要	６年生
		12月１日（土）	14:00	要	６年生
◎明星	学校説明会	12月２日（日）	10:30	要	
		１月12日（土）	14:00	要	
●明法	GE講座体験会・学校説明会	11月10日（土）	10:00	要	5、6年生
	学校説明会	11月24日（土）	10:00	要	
	入試体験・入試傾向・GE体験	12月16日（日）	9:00	要	5、6年生

学校名	行事内容	開催日	開始時間	予約	備考
●早稲田大学高等学院	学習発表会	11月10日（土）	9:00	不	
	学校説明会	11月18日（日）	10:00	不	
○和洋九段女子	入試対策勉強会（社理or英）	11月10日（土）	10:00	要	6年生
	入試対策勉強会（国算or英）	11月24日（土）	10:00	要	6年生
	プレテスト・入試説明会	12月24日（月）	8:30	要	6年生
	思考力入試勉強会	1月12日（土）	10:00	要	6年生
○和洋国府台女子	推薦入試対策講座	11月10日（土）	10:30	要	受験生
	学校説明会	11月10日（土）	10:30	不	
	一般入試対策講座	12月8日（土）	10:30	要	受験生
	学校説明会	12月8日（土）	10:30	不	
		1月6日（日）	10:30	不	

学校名	行事内容	開催日	開始時間	予約	備考
◎横浜富士見丘学園	入試対策会	12月9日（日）	9:00	要	
	プレ入試体験会	1月6日（日）	9:00	要	
	学校説明会	1月18日（金）	10:00	不	
	ナイト説明会	1月下旬	19:00	不	旭区民文化センター「サンハート」
○横浜雙葉	土曜日学校案内	11月17日（土）	9:00	要	6年生
		11月17日（土）	10:00	要	6年生
		11月17日（土）	11:00	要	6年生
		12月8日（土）	9:00	要	6年生
		12月8日（土）	10:00	要	6年生
		12月8日（土）	11:00	要	6年生
ラ ●立教池袋	入試学校説明会	11月13日（火）	14:30	不	保護者
○立教女学院	学校説明会	11月10日（土）	13:00	要	5、6年生
	クリスマス礼拝	12月15日（土）	10:30	要	5、6年生
●立教新座	学校説明会	11月25日（日）	9:30	不	
		11月25日（日）	11:00	不	
◎立正大学付属立正	学校説明会+授業見学	11月10日（土）	10:00	要	
	イブニング説明会	11月30日（金）	19:00	要	
	学校説明会+入試問題解説会	12月9日（日）	9:30	要	
		12月22日（土）	14:00	要	
	学校説明会+授業見学	1月12日（土）	10:00	要	
◎麗澤	入試説明会	11月23日（金）	10:00	要	6年生
	入試説明会小6プログラム	11月23日（金）	10:00	要	受験生（6年生）
	ミニ入試説明会	12月9日（日）	10:00	要	6年生
		1月5日（土）	14:30	要	6年生
ワ ◎和光	和光教研	11月23日（金）	9:30	要	
	学校説明会	12月9日（日）	10:00	要	
		1月12日（土）	13:30	要	

この表の見方

原則的に受験生と保護者対象のイベントを掲載しています。保護者または受験生のみが対象の場合はそれぞれ「保護者」「受験生」と記載しています。対象学年についての詳細は各中学校にご確認ください。

※日程や時間などが変更になる場合やすでに予約の締め切り日が過ぎている場合もあります。おでかけの際にはかならず各中学校にご確認ください。

※寮のある学校については、首都圏で開催の説明会のみ掲載しています。

データ提供：森上教育研究所

中学受験 合格アプローチ 2019年度入試用

入試直前 必勝ガイド

あとがき

いよいよ入試が近づきました。まさに正念場のこの時期、保護者のみなさまにとっても胃の痛むような日々ではないでしょうか。

この本は、そんな保護者、受験生のために「入試直前期」にスポットをあてて編集されました。

これまで、一生懸命中学受験に向かって勉強に取り組んできた受験生を見守ってきたお父さま、お母さまなら、だれもが「合格」を手にしたいのは当たり前。神にも祈りたいといった心境でしょう。

でも、ほんとうの「ゴール」はもっとさきにあるはずです。

そのことに思いを馳せることができる保護者のかたは、お子さまにも余裕を持って接することができるでしょう。

あたたかい笑顔での言葉がけが、どんなにお子さまを勇気づけるかわかりません。これからの時期はお子さまに「安心感」を与えつづけることが大切です。どうか、家族みんながおおらかな気持ちで、肩を組んでゴールへと飛びこんでください。

「中学受験」をつうじて、お子さまにもご両親にも、すばらしい成果がもたらされることを願ってやみません。

『合格アプローチ編集部』

ご投稿・ご注文・お問合せは

株式会社グローバル教育出版

【所在地】〒101-0047
東京都千代田区内神田2-5-2 信交会ビル3F

【電話番号】03-3253-5944《合格しょう》(代)

【FAX番号】03-3253-5945

URL:http://www.g-ap.com
e-mail:gokaku@g-ap.com

合格アプローチ　2019年度入試用
中学受験直前対策号
入試直前 必勝ガイド

2018年11月10日初版第一刷発行

定価：本体 1,000 円 + 税

●発行所／株式会社グローバル教育出版
〒101-0047 東京都千代田区内神田2-5-2 信交会ビル３Ｆ
電話 03-3253-5944（代）　FAX 03-3253-5945
http://www.g-ap.com　郵便振替 00140-8-36677